风电光伏安全生产检查标准

华能新能源股份有限公司蒙西分公司 组编

中国水利水电出版社
www.waterpub.com.cn
·北京·

内 容 提 要

本书依据《中华人民共和国安全生产法》《中华人民共和国职业病防治法》等法律法规及中国华能集团公司相关规章制度，结合新能源企业多年安全生产工作经验，系统性地总结新能源企业安全检查工作的重点板块，检查内容全面、标准明确，实用性、指导性强。

全书共分 17 章，主要内容包括依法依规、应急管理、反违章管理、职业健康管理、外包安全管理等部分。内容系统全面、重点突出，能够全面排查新能源企业安全生产、基建安全管理工作的隐患和不安全因素。对安全检查工作有较强的指导意义。

本书可作为从事新能源基建、生产运行、检修及各级管理人员的阅读教材，也可供安全监督检查人员学习参考。

图书在版编目（CIP）数据

风电光伏安全生产检查标准 / 华能新能源股份有限公司蒙西分公司组编. -- 北京 : 中国水利水电出版社, 2022.9

ISBN 978-7-5226-0985-0

Ⅰ. ①风… Ⅱ. ①华… Ⅲ. ①风力发电－电力工业－安全生产－安全标准－中国②太阳能发电－电力工业－安全生产－安全标准－中国 Ⅳ. ①F426.61-65

中国版本图书馆CIP数据核字(2022)第165056号

策划编辑：杨庆川　　责任编辑：杨元泓　　加工编辑：刘铭茗　　封面设计：梁　燕

书　　名	风电光伏安全生产检查标准 FENGDIAN GUANGFU ANQUAN SHENGCHAN JIANCHA BIAOZHUN
作　　者	华能新能源股份有限公司蒙西分公司　组编
出版发行	中国水利水电出版社 （北京市海淀区玉渊潭南路 1 号 D 座　100038） 网址：www.waterpub.com.cn E-mail：mchannel@263.net（万水） sales@mwr.gov.cn 电话：（010）68545888（营销中心）、82562819（万水）
经　　售	北京科水图书销售有限公司 电话：（010）68545874、63202643 全国各地新华书店和相关出版物销售网点
排　　版	北京万水电子信息有限公司
印　　刷	三河市德贤弘印务有限公司
规　　格	210mm×148mm　横 32 开本　3 印张　86 千字
版　　次	2022 年 9 月第 1 版　2022 年 9 月第 1 次印刷
定　　价	60.00 元

凡购买我社图书，如有缺页、倒页、脱页的，本社营销中心负责调换

本书编委会

主　　编：赵志远　青根木

副 主 编：卢引承　黄崇东

编审人员：（按姓氏笔画排序）

王　哲　永　胜　冯镜龙　纪　辉　邢文强　李智楠　张　昕

杨明辉　岳彩桥　赵凤伟　高　峰　韩鹏飞　翟永国　裴利忠

策划设计：李智楠

编撰单位：华能新能源股份有限公司蒙西分公司

前　言

本书依据《中华人民共和国安全生产法》（简称《安全生产法》），《中华人民共和国职业病防治法》（简称《职业病防治法》），《中华人民共和国消防法》（简称《消防法》），《中华人民共和国特种设备安全法》（简称《特种设备安全法》），《国务院安委会办公室关于全面加强企业全员安全生产责任制工作的通知》等法律法规要求，及中国华能集团公司（简称集团公司）《安全生产工作规定》《关于进一步加强全员安全生产责任制工作的通知》《风力发电场运行导则》《责任制巡查评估标准》《本质安全管理体系》等规章制度，编制“十七个检查模块”，旨在更好地指导生产，在基建现场有针对性地开展各类检查工作，内容全面、重点突出、去繁就简，减少重复检查、重复统计工作。

编制过程中系统梳理风电光伏、基建项目作业的安全生产管理指导标准，广泛征求生产、基建一线人员的意见，经过2021年的实施，逐步修订完善，形成17项安全检查标准。本检查标准分为17项，79个检查项目，747个检查标准，分别为依法依规（12个检查项目，51条检查标准）、应急管理（3个检查项目，24条检查标准）、运行管理（8个检查项目，74条检查标准）、检修管理（10个检查项目，65条检查标准）、反违章管理（5个检查项目，30条检查标准）、隐患排查（2个检查项目，30条检查标准）、消防安全管理（4个检查项目，54条检查标准）、交通安全管理（1个检查项目，16条检查标准）、职业健康管理（3个检查项目，28条检查标准）、风险管控（6个检查项目，54条检查标准）、用电安全管理（2个检查项目，25条检查标准）、外包安全管理（3个检查项目，38条检查标准）、防洪度汛检查（4个检查项目，25条检查标准）、防寒防冻检查（5个检查项目，35条检查标准）、文明生产管理（3个检查项目，26条检查标准）、教育培训（4个检查项目，31条检查标准）、网络安全管理（4个检查项目，141条检查标准）等。

编者

2022年3月

目　录

一、依法依规

检查项目	依据	分值	检查内容	检查标准	发现问题	整改措施	检查周期
安全生产责任制	1)《国务院安委会办公室关于全面加强企业全员安全生产责任制工作的通知》; 2)集团公司《关于进一步加强全员安全生产责任制工作的通知》; 3)集团公司《电力基层企业领导干部安全生产责任制》等	15	1)查阅企业《安全生产责任制》; 2)查阅企业组织机构设置的相关文件; 3)人员访谈	1)企业未建立安全生产责任制的，本项不得分; 2)安全生产责任制内容与企业组织机构设置情况不符的，扣4分; 3)安全生产责任界限不清晰的，一个部门扣1分，最多扣5分; 4)企业安全生产责任制未细化到部门、岗位的，扣2分; 5)安全生产责任制未包含职业健康、特种设备安全、消防安全、交通安全等法定责任的，扣2分; 6)既不熟悉自身的责任制要求，也不清楚本岗位的EHS风险（环境、健康、安全)、隐患的，扣2分			
依法治安—安全生产法律法规识别、获取与传达	1)《安全生产法》《职业病防治法》《消防法》《特种设备安全法》等国家相关法律法规; 2)集团公司《安全生产工作规定》	20	1)查阅适用的法律法规清单; 2)查阅现行有效的规程制度清单; 3)查阅企业安全生产制度;	1)未建立安全生产法律法规识别、获取、颁布等相关制度或流程，扣1分; 2)没有识别最新的安全生产法律法规，并颁布适用清单的，扣1分; 3)职能部门未及时识别、获取和传达有效的法律法规的，扣1分;			

续表

检查项目	依据	分值	检查内容	检查标准	发现问题	整改措施	检查周期
依法治安一安全生产法律法规识别、获取与传达	1）《安全生产法》《职业病防治法》《消防法》《特种设备安全法》等国家相关法律法规； 2）集团公司《安全生产工作规定》	20	4）查制度、规程的“编、审、批”程序； 5）查阅培训档案、学习记录、会议纪要等文件	4）安全生产管理制度不符合法律法规要求和基层企业实际情况的，每个制度扣1分，最多扣3分； 5）制度与上级公司制度要求不符或未体现上级公司制度要求要点的，每处扣1分，最多扣3分； 6）当年未公布本单位现行有效的现场规程制度清单的，扣1分； 7）制度、规程“编、审、批”程序不规范的，扣1分； 8）未按期对规程开展复查、修订的，扣1分； 9）企业未组织学习《安全生产法》等相关的法律法规的，每发现一项扣1分，最多扣2分			
依法治安一安全生产法律法规落实	1）党中央、国务院领导关于安全生产重要指示批示精神； 2）《安全生产法》	6	1）设群众举报电话、举报信箱； 2）访谈； 3）查阅会议纪要	1）经核实群众举报内容，确认主要负责人、分管负责人存在带头违章行为或冒险违章指挥行为的，本项不得分； 2）随机询问，发现主要负责人对党中央、国务院领导关于安全生产重要指示批示精神或《安全生产法》中主要负责人安全生产职责不熟悉的，扣2分； 3）企业未组织学习党中央、国务院领导关于安全生产重要指示批示精神学习内容的，扣1分			

续表

检查项目	依据	分值	检查内容	检查标准	发现问题	整改措施	检查周期
依法治安—党政同责	1）国家安全监管总局《关于印发企业安全生产责任体系五落实五到位规定的通知》； 2）集团公司《“三重一大”事项决策管理规定》	6	1）查阅安全生产责任制； 2）查阅安委会记录、月度安全例会记录、班组安全活动记录、反违章记录等； 3）查阅党委会、总经理办公会等会议纪要	1）安全职责中没有体现主要负责人“党政同责”要求的，扣2分； 2）党政负责人没有深入班组、现场检查安全文明生产、亲自开展反违章的，扣2分； 3）未按照“三重一大”原则和程序，决策企业安全稳定方面的重大事项的，扣2分			
依法治安—一岗双责	国家安全监管总局《关于印发〈企业安全生产责任体系五落实五到位规定〉的通知》	2	1）查阅安全生产责任制； 2）随即问询领导班子成员	1）安全生产责任制未体现“一岗双责”要求的，扣2分； 2）问询领导班子成员，不熟悉自身安全生产职责的，每人扣1分，最多扣2分			
五落实五到位—贯彻情况	1）《安全生产法》； 2）国家安全监管总局《关于印发企业安全生产责任体系五落实五到位规定的通知》（安监总办〔2015〕27号印发）； 3）集团公司《安全生产工作规定》	5	1）现场检查张贴情况； 2）领导访谈	1）没有将“五落实五到位”规定张贴在醒目位置，扣1分； 2）访谈领导，不熟悉“五落实五到位”要求的，扣1分； 3）未将领导班子成员履行安全生产责任纳入厂务公开事项，未作为述职内容的，扣1分			

续表

检查项目	依据	分值	检查内容	检查标准	发现问题	整改措施	检查周期
五落实五到位—方针与目标管理	集团公司《安全生产工作规定》	8	查阅各级《安全绩效目标责任书》	1）没有层层签订《安全绩效目标责任书》的，扣1分； 2）《安全绩效目标责任书》中的要求低于上级公司下达至本单位目标责任书要求的，扣1分			
五落实五到位—安全生产组织领导机构	1）集团公司《安全生产工作规定》； 2）集团公司《发电企业从业人员安全生产培训管理办法》	6	1）检查企业主要负责人接受培训情况； 2）查阅安委会成立文件和成员调整文件； 3）查阅安委会会议材料	1）企业未成立安全生产委员会的，本项不得分； 2）安委会成员未根据人员变动调整实际情况的，扣1分； 3）安委会会议未能按时召开或会议内容脱离实际、相关部署不具备可操作性的，扣2分； 4）企业主要负责人未按照法律法规要求接受安全管理培训的，扣1分； 5）安委会会议记录缺失，或未形成会议纪要的，扣1分			
五落实五到位—安全生产监督体系	1）集团公司《安全生产工作规定》； 2）集团公司《安全生产监督工作管理办法》； 3）集团公司《发电企业从业人员安全生产培训管理办法》	10	1）查阅组织机构文件； 2）查安监部门人员、安全人员状况； 3）查阅人事档案；	1）企业未设立安全生产监督机构，本项不得分； 2）未明确安全生产监督机构，由行政正职主管或受行政正职委托的行政副职分管的，扣1分； 3）未按照集团公司要求配齐注册安全工程师的，扣1分；			

续表

检查项目	依据	分值	检查内容	检查标准	发现问题	整改措施	检查周期
五落实五到位—安全生产监督体系	1）集团公司《安全生产工作规定》； 2）集团公司《安全生产监督工作管理办法》； 3）集团公司《发电企业从业人员安全生产培训管理办法》	10	4）查阅安全例会材料	4）企业专职安全监督人员不符合任职条件、配置比例不符合上级公司或本单位规定的，扣2分； 5）兼职安全员或专职安全员设置不符合上级公司或本单位制度要求的，扣2分； 6）未能按时召开安全例会的，或会议内容脱离实际、相关部署不具备可操作性的，扣2分			
五落实五到位—安全生产报告执行情况	国家安全监管总局《关于印发〈企业安全生产责任体系五落实五到位规定〉的通知》	2	查阅相关材料	没有按照安全生产报告制度要求定期向董事会、业绩考核部门报告安全生产情况，并向社会公示的，扣1分			
五落实五到位—安全生产投入管理	1）《安全生产法》； 2）国家安全监管总局《关于印发〈企业安全生产责任体系五落实五到位规定〉的通知》	10	1）查阅相关制度； 2）检查安全措施费的监督使用情况； 3）检查其他相关费用的下达、批复、使用情况； 4）检查安全检查记录、隐患排查记录	1）未建立安全生产投入相关制度的，扣1分； 2）对安全措施费使用情况监督不到位，导致承包单位未能有效落实现场风险防控措施的，扣1分； 3）未及时批复或保证事故隐患排查治理所需的资金，导致安全检查、隐患排查、安全性评价等发现问题不能整改的，每项扣1分，最多扣2分； 4）职业病危害防治经费未落实的，扣1分			

续表

检查项目	依据	分值	检查内容	检查标准	发现问题	整改措施	检查周期
五落实五到位—安全生产考核管理	1）集团公司《安全生产工作规定》； 2）集团公司《电力安全生产奖惩办法》； 3）集团公司《反违章管理办法》； 4）集团公司《电力事故调查规程》	10	1）查阅相关制度； 2）检查奖励基金的设立及使用情况； 3）查阅并核对近三年安全生产奖惩的考核记录； 4）查阅人事档案； 5）查阅事故或较大不安全事件的分析报告	1）企业未建立安全生产奖惩考核相关制度的，本项不得分； 2）奖惩考核制度规定的奖惩考核情形、标准不明确的，扣 3 分； 3）未设立奖励基金、未对安全生产做得好的集体和个人进行表彰奖励的，扣 3 分； 4）未备案安全生产奖励与处罚情况，未将其作为干部选拔任用的重要依据的，扣3分； 5）对设备类不安全事件未按照“四不放过”原则开展分析并落实考核责任的，每次扣 1 分，最高扣 3 分； 6）未严格按照公司制度中的处罚规定对相关责任人进行批评教育、行政处分或经济处罚的，扣 1 分； 7）未根据评优/处罚结果落实奖惩措施的，扣 1 分			

二、应急管理

检查项目	依据	分值	检查内容	检查标准	发现问题	整改措施	检查周期
应急预案编制与备案	1）《安全生产法》； 2）国家安全生产监督管理总局第 17 号令《生产安全事故应急预案管理办法》； 3）《电力企业应急预案管理办法》（国能安全〔2014〕508 号）； 4）集团公司《突发事件应急管理办法》（2019 版）； 5）《应急管理规范》	15	1）查阅综合应急预案、专项应急预案和现场处置方案； 2）检查应急预案的审批、修订、下发程序和记录； 3）检查应急预案备案情况； 4）检查现场处置卡； 5）检查应急救援队伍名单和应急联系电话表； 6）检查应急培训记录	1）未编制应急预案的，本项不得分； 2）应急预案“编、审、批”程序不规范的，或未正式下发的，扣 1 分； 3）未按规定对应急预案进行备案的，扣 1 分； 4）未按要求每三年进行一次应急预案评估和修订的，扣 1 分； 5）未按要求编制现场应急处置方案，或方案的种类或内容脱离现场实际的，扣 1 分； 6）未建立应急组织机构，或机构不健全、职责不清晰的，扣 1 分； 7）未建立兼职应急救援队伍（小组）的，扣 1 分； 8）未建立重要场所、重点岗位清单的，扣 1 分（电站自行辨识确定）； 9）未在重要场所、重点岗位设置现场应急处置卡的，扣 1 分； 10）未按计划组织应急预案培训、应急知识宣传教育的，培训记录不完善的，扣 1 分； 11）未及时更新应急救援队伍名单和联系电话表的，扣 1 分			

续表

检查项目	依据	分值	检查内容	检查标准	发现问题	整改措施	检查周期
应急演练		10	1）检查年度应急演练计划和总结； 2）检查应急演练方案和演练后评价材料； 3）抽查现场人员应急器材使用情况	1）未编制应急演练计划，扣 1 分； 2）未按期完成应急演练的，扣 1 分； 3）未组织对应急演练进行总结、评估的，扣 1 分； 4）未组织公司领导参加一次（至少）应急演练的，扣 1 分； 5）应急器材（如正压式呼吸器、灭火器等）使用不熟练的，扣 1 分			
应急物资		10	1）检查应急物资台账； 2）检查应急物资储备、应急设备配备情况； 3）检查应急物资使用、借用记录	1）未建立应急物资台账的，扣 1 分； 2）未建立应急物资使用、借用记录的，扣 1 分； 3）未开展应急物资月度检查，并形成记录的，扣 1 分； 4）未按照公司标准配备齐全应急物资的，扣 1 分； 5）应急物资不可用或超过使用期限的，扣 1 分； 6）未按要求设置应急物资单独库房或单独货架存放的，扣 1 分； 7）应急物资账、卡、物不一致的，扣 1 分； 8）应急物资使用后未及时补充的，扣 1 分			

三、运行管理

检查项目	依据	分值	检查内容	检查标准	发现问题	整改措施	检查周期
运行管理	《安全生产工作办法》中运行管理的部分和《风力发电场运行导则》	15	1）检查运行规程、系统图、巡视标准、巡视记录； 2）检查运行日志、月度安全生产总结或会议纪要、缺陷记录； 3）检查设备巡检记录或影像资料，抽查巡检项目； 4）现场考问	1）未编制运行规程、系统图的，扣1分； 2）未组织修订和审核运行规程或无“编、审、批”程序的，扣1分； 3）未建立巡检标准的，扣1分； 4）未定期对设备进行巡视的，巡视记录不完善、巡检不到位的，扣1分； 5）未按《防止电力生产事故的二十五项重点要求》《防止风电机组重大事故九项反事故措施》落实防止风机着火、飞车、电气误操作、风机大面积脱网等事故的运行操作措施的，扣1分； 6）机组达到应停机条件而未停机的，每次扣1分，最多扣3分； 7）未开展运行分析或质量不高的，扣1分； 8）未定期对设备进行巡视的，巡视记录不完善、巡检不到位的，扣1分； 9）未按照公司要求定期报送报表的，扣1分； 10）光伏电站未开展光伏组件热板效应检测的（抽检），扣1分； 11）光伏电站未定期（每季度）开展逆变器设备除尘、清灰工作的，扣1分；			

续表

检查项目	依据	分值	检查内容	检查标准	发现问题	整改措施	检查周期
运行管理	《安全生产工作办法》中运行管理的部分和《风力发电场运行导则》	15		12）光伏组件、逆变器效率测试后，未对不合格设备开展原因分析的，扣1分； 13）光伏场区未开展除草工作的，扣1分； 14）现场考查运行人员对远程复位十不准、数据采集与监视控制系统（SCADA）、振动监测、风功率预测、五防等系统的掌握程度，情况不理想的，每人扣1分，最多扣3分			
班组管理	《安全生产工作办法》—班组管理、《电力安全工作规程》	5	检查班组安全活动、事故预想、技术问答等	1）未开展班组安全活动的，不得分； 2）未开展班组事故预想的，扣1分； 3）未组织召开班前、班后会议或会议记录不完整的，扣1分； 4）风电光伏站负责人未每次轮班参加班组安全活动，扣1分			
涉网安全管理	《安全生产工作办法》—涉网安全管理	15	1）检查与电网部门签订的调度协议； 2）检查电网下发运行相关文件的学习情况； 3）检查应急预案，演练记录； 4）检查设备软件口令管理；	1）未与电网部门签订调度协议的，扣2分； 2）未组织学习电网下发的《电力系统安全稳定导则》及相关文件，每次扣1分，最多扣3分； 3）未按照国家《网络安全法》要求开展计算机等级保护测评工作，扣1分； 4）未制定电力二次系统安全防护应急预案，以及未开展演练的，扣2分； 5）存在弱口令、默认口令、通用口令的，扣1分；			

续表

检查项目	依据	分值	检查内容	检查标准	发现问题	整改措施	检查周期
涉网安全管理	《安全生产工作办法》—涉网安全管理	15	5）检查电脑内外网是否混用，是否安装杀毒软件	6）电脑内外网混用的，扣1分； 7）外来人员随意进入主控室，扣1分； 8）电脑未安装杀毒软件的，扣1分			
五防系统管理	《国家电网公司防止电气误操作安全管理规定》、运行规程	15	1）检查五防系统制度； 2）检查万能钥匙管理办法； 3）检查五防系统运行状态； 4）检查微机监控典型操作票； 5）检查万能钥匙封存保管，使用记录情况	1）未建立五防系统制度的，扣2分； 2）五防系统未投入运行，或运行异常的，本项不得分； 3）未建立万能钥匙管理办法的，扣2分； 4）万能钥匙未设专人、专柜保管，未贴封条的，扣1分； 5）未经值班负责人同意，使用万能钥匙解锁的，扣1分； 6）使用万能钥匙未登记记录，使用后未立即封存的，扣1分； 7）监控微机内未置全面、正确的典型操作票，扣1分； 8）检查万能钥匙使用情况，未在规定时间内交还钥匙的，扣1分			
两票管理	华能新能源股份有限公司《工作票管理规范》《电气操作票管理规范》	30	1）检查两票制度及培训； 2）抽查与工作票相关的检修、缺陷记录等；	1）无两票制度的，本项不得分； 2）两票制度培训及考试记录未全覆盖的（包含外包人员），扣1分； 3）存在“无票”作业情况的，本项不得分； 4）存在约时停送电现象的，本项不得分；			

续表

检查项目	依据	分值	检查内容	检查标准	发现问题	整改措施	检查周期
两票管理	华能新能源股份有限公司《工作票管理规范》《电气操作票管理规范》	30	3）检查、核对工作票“三种人”及单独巡视高压电气设备人员的认定文件； 4）查阅外包单位工作票“两种人”认定文件及委托授权书、考试、申请单； 5）抽查“两票”统计分析相关记录； 6）通过抽查、问询、考问，追溯工作票办理经过、安全措施、危险点分析与预控情况； 7）检查“两票”相关奖惩考核情况； 8）两票执行情况	5）未定期组织综合分析两票执行中存在的问题，并提出改进措施的，扣1分； 6）未下发“三种人”文件（包含外包单位人员），扣2分； 7）存在代签字、漏签字情况的，每处扣1分，最多扣3分； 8）两票、特殊作业措施票、动火作业票、对应危险预控措施票书写不规范（未按要求使用黑色或蓝黑色钢笔、碳素笔填写；未做到书写整齐、字迹工整、不连笔、不涂改），每处扣0.5分，最多3分； 9）危险点预控措施针对性不强或作业组成员未签字确认的，扣1分； 10）未正确理解且执行工作票安全措施或安全措施不完善的，扣2分； 11）现场作业的工作负责人未在现场持票监护的，扣2分； 12）现场作业的工作人员不熟悉工作现场的危险点及预控措施的，扣2分； 13）升压站、箱式变压器（简称箱变）工作存在工作负责人、许可人未现场办理开工的，扣1分； 14）操作票监护人未在现场持票监护，未执行唱票复诵的，扣1分； 15）未对当日工作票和操作票进行评价的，扣1分； 16）未进行两票归档、合格率统计的，扣2分			

续表

检查项目	依据	分值	检查内容	检查标准	发现问题	整改措施	检查周期
三制管理	《电力安全工作规程》 《安全生产工作办法》—“三制”管理	10	1）核对巡检记录、交接班记录、定期试验记录； 2）考问设备定期实验、轮换要求，核对相关记录； 3）现场检查	1）检查发现现场情况与巡回检查记录不符的，扣2分； 2）未制定或未张贴巡视路线图的，扣1分； 3）现场检查未按照规定路线进行巡视的，扣1分； 4）交接班记录不完整，内容有缺失的（运行方式、两票、设备缺陷等），扣1分； 5）未定期对设备进行轮换试验或记录不完整的（包括蓄电池充放电试验、事故照明切换试验、火灾报警装置试验、消防水泵定期切换试验、站用备用电源切换试验、风机变桨电池组试验等），扣2分			
设备设施管理—安全工器具	《电力安全工作规程》 《防止电力生产事故的二十五项重点要求》	25	1）检查安全工器具管理制度； 2）检查安全工器具台账； 3）检查安全工器具校验、补充采购计划； 4）检查安全工器具检查记录；	1）无安全工器具管理制度的，本项不得分； 2）安全工器具没有定期校验，无校验合格标识的，或标签上未注明试验人、试验日期及下次试验日期的，本项不得分； 3）未建立安全工器具台账的，扣2分； 4）未审核、提交安全工器具校验、补充采购计划的，扣1分； 5）每月应对安全工器具进行检查，检查记录不完善的，扣1分；			

续表

检查项目	依据	分值	检查内容	检查标准	发现问题	整改措施	检查周期
设备设施管理—安全工器具	《电力安全工作规程》《防止电力生产事故的二十五项重点要求》	25	5）检查安全工器具检验标识是否张贴； 6）检查安全工器具外观、存放位置； 7）现场考问	6）安全工器具有损坏、报废、缺失的，或安全工器具配置不满足实际工作需要的，扣2分； 7）未进行统一分类编号、悬挂设备卡，且放置混乱的，每处扣1分，最多扣3分； 8）安全工器具绝缘部分有裂纹、老化、漆层脱落，固定连接部分有松动、锈蚀、断裂等现象等，每处扣1分，最多扣3分； 9）不合格或超试验周期的电力安全工器具未做出标识，或未单独存放的，扣1分； 10）安全工器具借用未进行登记记录的，扣1分； 11）安全工器具存放位置、环境不符合存放要求的（专用安全工器具柜），扣1分； 12）安全工器具柜保温、除湿功能未投运或无法投运的，扣1分； 13）未对报废的电力安全工器具及时统计备案并及时处置，报废的与合格的安全工器具混放，扣1分； 14）现场发现工作人员未能正确使用安全器具的，扣1分			

续表

检查项目	依据	分值	检查内容	检查标准	发现问题	整改措施	检查周期
不安全事件“四不放过”落实情况	《安全生产工作办法》—电力生产安全事故调查管理办法	10	1）检查三年来系统内外相关事故通报的学习情况，检查防范同类事故措施制定、执行情况； 2）查阅电力事故即时（后续）报告单、障碍报告单、障碍调查报告书和事件调查相关材料； 3）查阅考核通报	1）检查现场安全管理相关的事故通报的学习情况，每缺一个通报的学习记录扣 1 分，最多扣 5 分； 2）未对一类障碍及以上不安全事件进行调查分析的，每一起扣 1 分，最多 3 分； 3）未对不安全事件的责任人进行考核的，每一起扣 1 分，最多扣 5 分； 4）未及时、完整填写、报告电力事故即时（后续）报告单、障碍报告单或障碍调查报告书的，每处扣 1 分，最多扣 3 分； 5）发现值班人员、现场作业人员未能积极配合事故调查，如实反映现场情况，并写出书面材料的，扣 2 分			

四、检修管理

检查项目	依据	分值	检查内容	检查标准	发现问题	整改措施	检查周期
检修管理	集团公司《风力发电场检修与维护管理导则》《光伏电站检修与维护管理导则》《设备检修管理规范》《设备缺陷管理规范》	20	1）检查检修规程及其审批手续与修订记录； 2）检查检修计划； 3）检查检修方案； 4）检查检修前分析报告； 5）检查检修文件包； 6）检查检修总结	1）未编制检修规程的，扣 2 分； 2）未每年组织修订和审核检修规程的，扣 1 分； 3）未编制检修维护计划的，扣 1 分； 4）无检修方案或方案未经审查的，扣 1 分； 5）未开展修前分析的，扣 1 分； 6）未召开定检启动会，形成记录的，扣 1 分； 7）未在检修维护过程中设置关键工序质量控制点（W、H 点）的，扣 1 分； 8）未对风机定检进行“三级验收”的，本项不得分； 9）未编制检修总结的，扣 1 分			
技术监督管理	集团公司《电力技术监督管理办法》《电力技术监督导则》DL/T 1051—2007	15	1）检查技术监督网络文件； 2）检查检修维护记录、措施、会议纪要、任务书、检修总结、仪器、规程图纸等； 3）检查运行值班记录、考核通报；	1）未成立技术监督管理机构的，扣 1 分； 2）保护投退无记录的，扣 2 分； 3）上级技术监督检查发现的问题未按要求整改的，每发现一项扣 1 分，最多扣 3 分； 4）技术监督各专业无负责人的，扣 1 分； 5）无技术监督管理档案、技术档案，或档案不全的，扣 2 分； 6）未制定技术监督工作计划的，本项不得分；			

续表

检查项目	依据	分值	检查内容	检查标准	发现问题	整改措施	检查周期
技术监督管理	集团公司《电力技术监督管理办法》《电力技术监督导则》DL/T 1051—2007	15	4）现场询问； 5）检查技术监督档案、月报、总结等	7）存在应检验而未检验的监督项目的，每项扣1分，最多扣3分； 8）未定期组织召开技术监督工作会议，进行总结和交流的，扣1分			
设备缺陷管理	集团公司《风力发电场运行导则》《风力发电场检修与维护管理导则》《设备缺陷管理规范》	8	1）检查运行记录、缺陷记录； 2）检查运行分析报告	1）未建立电子版缺陷台账的，扣1分； 2）未开展缺陷分析工作，缺陷总量居高不下的，扣1分； 3）未对缺陷进行及时处理，造成损失扩大的，每起扣1分，最高扣2分； 4）未对重复发生的缺陷组织专题会议分析，未提出有效的控制方案的，扣1分			
设备异动管理	集团公司《电力安全工作规程》《风力发电场运行导则》《光伏发电站运行导则》《设备异动管理规范》	6	检查设备异动制度、台账等	1）未制定设备异动管理规定的，扣1分； 2）未建立设备异动台账的，扣1分； 3）设备异动后，未及时修改相关规程图纸的，扣2分			
设备设施管理—电动工器具		6	1）检查电动工器具台账； 2）检查电动工器具安全防护罩； 3）检查电动工器具检验合格证； 4）现场考问	1）未建立电动工器具台账的，扣2分； 2）无电动工器具的安全防护装置的，扣1分； 3）检查记录不全的（发现外观破损、绝缘不合格未被记录），扣1分； 4）未按要求开展电动工器具相关安全检测，未张贴检验合格证的，扣1分； 5）现场人员不熟悉电动工器具使用要点的，扣1分			

续表

检查项目	依据	分值	检查内容	检查标准	发现问题	整改措施	检查周期
大部件更换（齿轮箱、发电机、主轴）	集团公司《电力安全规程（热力与机械）》	15	1）检查车辆、人员资质检查； 2）检查现场旁站监护人员，指挥人员、作业人员情况； 3）检查作业现场警戒线、标示牌； 4）检查起重设施、吊物、缆风绳等与带电体的安全距离； 5）检查缆风绳材质，长度、强度； 6）检查现场作业是否符合风速要求	1）检查吊车及司机，证件是否齐全；不符合要求的，扣1分； 2）未设旁站监护人员，扣1分； 3）检查现场是否确定吊装负责人、明确唯一的吊装指挥人员，不符合要求的，扣1分； 4）检查作业人员是否正确佩戴安全帽、穿防护鞋，不符合要求的，扣1分； 5）雷雨、大雾天气禁止作业；不符合要求的，扣1分； 6）环境温度低于-25℃不允许吊装作业，-40℃不允许作业；不符合要求的，扣1分； 7）风速超过8m/s时，不宜进行叶片和叶轮吊装；风速超过10m/s时，不宜进行塔架、机舱、轮毂、发电机等设备吊装工作；不符合要求的，扣1分； 8）吊装现场作业区域未设置警戒线、标识牌，非作业人员擅自进入的，扣1分； 9）吊装作业区有带电设备时，起重设施和吊物、缆风绳等与带电体的距离不得小于最小安全距离（1～10kV-3m；35～66kV-4m；110kV-5m），不符合要求的，扣1分；			

续表

检查项目	依据	分值	检查内容	检查标准	发现问题	整改措施	检查周期
大部件更换（齿轮箱、发电机、主轴）	集团公司《电力安全规程（热力与机械）》	15		10）吊装时采用的缆风绳应由非导电材料制成，并确保足够强度和长度，不符合要求的，扣1分； 11）在吊起的物件上行走或站立，起重机正在吊物时，在已吊起的物件下面或起重臂下旋转范围内作业或行走。任何人不准在吊杆和吊物下停留或行走；不符合要求的，扣1分； 12）起吊重物不准让其长期悬在空中；有重物暂时悬在空中时，严禁驾驶人员离开驾驶室或做其他工作；不符合要求的，扣1分； 13）起吊重物时，如需开展其他辅助工作，必须做好防坠落、防砸措施；（如：加装、调整衬垫物），不符合要求的，扣1分； 14）遇有大雾、照明不足、指挥人员看不清各工作地点或起重驾驶人员看不见指挥人员时，进行起重工作的，扣1分； 15）工作人员利用吊钩上升或下降，扣1分； 16）起重物品必须绑扎稳妥，吊钩要位于所吊挂在物品的重心上，吊钩钢丝绳应保持垂直（如：使吊钩斜着拖吊重物。在吊钩已挂上而被吊物尚未提起时，禁止起重机移动或做旋转动作），不符合要求的，扣1分			

续表

检查项目	依据	分值	检查内容	检查标准	发现问题	整改措施	检查周期
叶片维修—外部	《电力安全规程（热力与机械）》	15	1）检查环境温度及风速是否满足作业要求； 2）检查是否正确使用缆风绳、安全绳、钢丝绳，并选取牢固挂点； 3）检查吊篮平台安全装置； 4）检查吊篮与集电线路安全距离	1）工作温度低于-20℃时禁止使用吊篮；当工作处阵风风速大于 8m/s 时，不得在吊篮上工作，不符合要求的，扣 1 分； 2）雷雨天气、大雾天气，禁止使用吊篮进行叶片维修；不符合要求的，扣 1 分； 3）使用吊具时需是否正确使用揽风绳、安全绳、钢丝绳，并选取牢固挂点；不符合要求的，扣 1 分； 4）吊篮平台内未设有安全带和工具的挂钩装置（使用吊篮工作时，应使用安全带，安全带应拴在可靠的建筑物、构件上或连接在吊篮平台上），不符合要求的，扣 1 分； 5）吊篮上的操作人员未配置独立于悬吊平台的安全绳及安全带或其他安全装置的；扣 1 分； 6）检查钢丝绳、安全绳无毛刺、断股现象，不符合要求的，扣 1 分； 7）吊篮禁止使用麻绳，不符合要求的，扣 1 分； 8）吊篮每天使用前未开展检查的（应经过安全检查员核实配重和检查悬挂机构，并进行空载运行以确认设备处于正常状态），扣 1 分； 9）吊篮的任何部位与输电线的安全距离不应小于 10m，不符合要求的，扣 1 分			

续表

检查项目	依据	分值	检查内容	检查标准	发现问题	整改措施	检查周期
叶片维修—内部	《有限空间作业管理办法》《作业风险辨识及预控措施》	10	1）检查防护用品； 2）检查照明、通信设备； 3）检查有限空间作业是否按规定开展	1）进入叶片前，未遵守“先通风、再检测、后进入”规定的，扣1分； 2）检查防护用品配备是否齐全，避免化学腐蚀、粉尘污染（防护服、防护手套、防护口罩、护目镜），不符合要求的，扣1分； 3）检查照明是否充足，必要时应带头灯等保证光线充足，不符合要求的，扣1分； 4）未进行每小时一次氧含量测试的（氧含量应在19.5%~23.5%之间），扣1分； 5）检查通信装置保持畅通；不符合要求的，扣1分； 6）严禁携带火种进入叶片内部，禁止吸烟，不符合要求的，扣1分			
叶片更换	集团公司《风力发电场检修与维护技术导则》	5	现场检查	1）风速超过8m/s时，不进行叶片和叶轮吊装，不符合要求的，扣1分； 2）起吊叶轮和叶片时至少有两根导向绳。应有足够人员拉紧导向绳，保证起吊方向，不符合要求的，扣1分			
光伏组件维护	集团公司《风力发电场检修与维护技术导则》	10	现场检查	1）未按季度开展光伏逆变器清灰工作的，扣1分 2）未及时对缺失的光伏板开展更换的，扣1分 3）未及时对光伏板积雪进行清理的，扣1分			

五、反违章管理

检查项目	依据	分值	检查内容	检查标准	发现问题	整改措施	检查周期
反违章管理—机制	华能新能源股份有限公司《反违章管理规范》	30	1）检查反违章管理制度，检查是否以正式文件印发； 2）检查反违章承诺书的签订情况； 3）检查《反违章记录表》和《反违章统计表》； 4）检查反违章分析记录； 5）检查奖惩记录； 6）检查早晚班会记录； 7）检查外包工程合同、安全协议； 8）现场检查	1）公司未制定反违章管理制度的，本项不得分； 2）反违章制度中各层级、各部门间工作职责不明确、工作衔接机制不清晰的，扣 2 分； 3）反违章制度中违章情形和考核标准不明确的，扣 2 分； 4）企业主要领导、分管领导长期不深入现场检查督促反违章工作的，扣 2 分； 5）未组织员工签订反违章承诺书的，扣 1 分； 6）风电场、光伏电站自身违章查处数量少于上级部门查处数量的，扣 2 分； 7）同类型违章数量居高不下的，扣 1 分； 8）没有进行违章统计和分析的，扣 1 分； 9）反违章记录存在造假现象的，扣 3 分； 10）经抽查，记录中造假比例达到 20% 的，本项不得分； 11）未对本部门/站的违章扣分、考核结果签字确认的，扣 1 分；			

续表

检查项目	依据	分值	检查内容	检查标准	发现问题	整改措施	检查周期
反违章管理—机制	华能新能源股份有限公司《反违章管理规范》	30		12）未按照制度要求追究违章连带责任人责任的，每起扣 2 分；发现违章考核与制度要求不一致的其他情形，每起扣 1 分，最多不超过 10 分； 13）未设立违章通报栏，未及时公告违章现象及处罚结果的，扣 1 分； 14）未于早班会提醒当天作业风险点，晚班会对当天发现的违章现象进行讲评的，扣 1 分； 15）现场发现违章现象，每发现一起，扣 1 分； 16）发现违反红线条款及违章计分扣至零分的人员及所在集体，仍参与了当年安全生产评先评优活动的，扣 1 分； 17）外包工程合同或安全协议中未明确发、承包双方反违章工作权责、考核机制和考核标准的，扣 1 分			
行为性违章	《反违章管理规范》	5	现场检查	现场发现行为性违章现象的，每发现一起扣 1 分，最多扣 5 分			

续表

检查项目	依据	分值	检查内容	检查标准	发现问题	整改措施	检查周期
装置性违章	《反违章管理规范》	10	现场检查	1）技术改造项目施工未严格按设计图纸、技术规范、工艺规范组织和进行施工调试，形成新的装置性违章的，每发现一处扣 2 分，最多扣 6 分； 2）安全设施、安全标识缺失的，每发现一处扣 1 分，最多扣 5 分			
管理性反违章	1）《反事故技术措施与安全技术劳动保护措施管理规范》 2）《反违章管理规范》	10	1）检查“两措”计划及完成情况； 2）检查“两措”完成情况总结； 3）检查运行、检修操作规程的更新情况； 4）现场检查	1）未制定“两措”计划，相关领导未对“两措”计划进行审查并批准的，扣 1 分； 2）“两措”计划未包括安全、劳动防护用品、消防、职业卫生、安全设施、警示标识等内容，每缺一项扣 1 分，最多扣 5 分； 3）“两措”计划未按期完成的，扣 1 分； 4）现场发现未落实“两措”计划要求的，每处扣 1 分，最多扣 3 分； 5）未定期开展“两措”分析、总结的，扣 1 分； 6）未及时更新运检规程（包含消防操作规程）的，扣 1 分			

续表

检查项目	依据	分值	检查内容	检查标准	发现问题	整改措施	检查周期
标识标牌	华能新能源股份有限公司《安全防护设施及安全标识管理规范》	10	1）检查是否按照安全目视化手册配置安全警示、标识标牌； 2）检查安全警示、标识标牌是否张贴不牢固，存在破损、褪色、变形	1）检查配电室“当心触电”“当心中毒”“禁止烟火”“未经许可不得入内”“必须戴安全帽”“必须穿防护鞋”等安全警示标识、危险源告知卡、职业病危害告知卡，是否张贴牢固、无褪色，不符合要求的，扣1分； 2）检查油脂库“禁止携带火种”“禁止吸烟”“禁止用水灭火”“未经许可不得入内”“禁止使用无线电”“禁止穿化纤服装”等安全警示标识、危险源告知卡，是否张贴牢固、无褪色，不符合要求的，扣1分； 3）检查风力发电机组机位“当心落物”禁止停留”“雷雨天气、禁止靠近”的标识；塔筒门“未经允许，禁止入内”的标识；塔筒内“禁止烟火”“必须系安全带”“必须戴安全帽”“必须穿防护鞋”的标识；塔筒门框侧壁、门锁位置“当心夹手”的标识；灭火器附近设置的灭火器的标识；变流器柜、塔基柜、机舱柜“当心触电”“禁止倚靠”的标识；变			

续表

检查项目	依据	分值	检查内容	检查标准	发现问题	整改措施	检查周期
标识标牌	华能新能源股份有限公司《安全防护设施及安全标识管理规范》	10		压器箱体（如有）上设置“当心触电”的标识；每层塔筒平台爬梯口上方“安全出口”的标识；偏航平台爬梯对面“当心碰头的标识；偏航制动器下方设置“拆卸油管请佩戴护目镜”的标识；联轴器防护罩上“当心机械伤人”的标识；高速轴防护罩“禁止蹬踏”“禁止伸入”的标识；同时，提示作业人员进入轮毂时必须先锁紧风轮，必须系好安全带，只允许两人同时进入，风速大于 12m/s 时禁止进入，不符合要求的，扣 1 分； 4）检查箱变（台变）、逆变器本体或围栏周围“止步，高压危险”“禁止攀登，高压危险”“禁止开挖，下有电缆”的标识，不符合要求的，扣 1 分			

六、隐患排查

检查项目	依据	分值	检查内容	检查标准	发现问题	整改措施	检查周期
隐患排查	1）国家能源局 国家安监总局《关于推进电力安全生产标准化工作有关事项的通知》（国能安全〔2015〕126号）； 2）集团公司《电力企业安全生产事故隐患排查治理管理办法（试行）》； 3）集团公司《电力工作安全规程》等； 4）《隐患排查治理管理规范》	50	1）检查隐患排查治理管理制度； 2）检查隐患排查管理台账； 3）检查隐患排查资金预算及相关资料； 4）检查隐患排查治理奖惩考核相关材料； 5）检查重大隐患治理整改方案及“编、审、批”程序； 6）检查隐患整改闭环落实； 7）检查人身安全隐患必查内容； 8）检查设备设施、电力安全事故隐患必查内容； 9）检查安全管理隐患必查内容	1）无隐患排查治理管理制度的，本项不得分； 2）未组织开展隐患排查专项培训的，扣1分； 3）未按规定经常性组织开展事故隐患排查的（包括：安监部组织每季度检查各风光电站不少于1次；风光场站的基建项目部隐患自查每周不少于1次；班组隐患自查纳入日常工作内容），每缺少一项扣1分，最多扣3分； 4）未建立隐患排查治理台账的，或未将自查发现的安全隐患进行统计、分析，确定隐患级别，明确限期整改时间、职责分工实施监控治理的，扣1分； 5）重大隐患未编制整改方案，落实预算，编审批手续不全的，扣1分； 6）未对隐患进行总结分析、制定改进措施的，扣1分； 7）未按照计划完成隐患整改的，扣1分；			

续表

检查项目	依据	分值	检查内容	检查标准	发现问题	整改措施	检查周期
隐患排查	1）国家能源局 国家安监总局《关于推进电力安全生产标准化工作有关事项的通知》（国能安全〔2015〕126号）； 2）集团公司《电力企业安全生产事故隐患排查治理管理办法（试行）》； 3）集团公司《电力工作安全规程》等。 依据： 4）《隐患排查治理管理规范》	50		8）管理部门未建立隐患排查治理台账的，扣2分； 9）隐患整改未按计划完成的，扣1分； 10）未建立公司隐患库并逐步积累完善隐患库内容的，扣1分； 11）特种作业人员是否持证上岗，不符合要求的，扣1分； 12）未定期开展班组安全活动的，扣1分； 13）各类电动工器具、安全工器具的保管及检验情况，不符合要求的，扣1分； 14）升压站库房、设备间、水泵房、避雷针、综合楼等建构筑物的安全状况，不符合要求的，扣1分； 15）风力发电机组、光伏板、变压器、汇流箱、逆变器、输电线路、电缆、户外开关站、气体式绝缘变电设备（GIS）、无功补偿装置、防误闭锁装置、继电保护及安全自动化装置、直流系统等重要设备故障未及时处理的，扣1分； 16）五防系统不能使用的，扣1分； 17）升压站监控系统不能使用的，扣1分；			

续表

检查项目	依据	分值	检查内容	检查标准	发现问题	整改措施	检查周期
隐患排查	1）国家能源局 国家安监总局《关于推进电力安全生产标准化工作有关事项的通知》（国能安全〔2015〕126号）； 2）集团公司《电力企业安全生产事故隐患排查治理管理办法（试行）》； 3）集团公司《电力工作安全规程》等。 依据： 4）《隐患排查治理管理规范》	50		18）消防设备设施未进行定期检测的，扣1分； 19）作业区域内粉尘、照明、噪音、辐射、高温、低温、毒物等影响人员健康的环境未采取措施的，扣1分； 20）设备检修作业、场内动火作业、进入有限空间作业、起重作业、高处作业、交叉作业、临时用电等作业未建立危险点预控措施的，扣1分； 21）未按规定设置各类安全设施、警示标识的，每项扣1分，最多扣3分； 22）挡墙、护坡、场内道路不符合要求的，扣1分； 23）未定期或不定期开展安全检查，对检查出的问题隐患未登记造册并及时整改的，扣1分； 24）反违章、“两措”计划、奖惩考核未严格落实的，扣1分； 25）未按照事故隐患报告奖励机制，落实奖励的，扣1分； 26）未按照时间节点向上级部门报送隐患排查报表的，扣2分			

续表

检查项目	依据	分值	检查内容	检查标准	发现问题	整改措施	检查周期
安全生产检查管理	集团公司《安全生产检查管理规范》	10	1）检查专项检查文件、检查提纲等文件； 2）检查安全检查记录	1）公司领导未亲自组织各类安全生产检查的，扣 2 分； 2）未根据上级公司及政府主管部门要求，并结合自身实际开展专项安全检查的（包含：春季、秋季、安全月以及防洪度汛等安全检查），每缺少一项扣 1 分，最多扣 3 分； 3）未编写安全检查提纲或安全检查表的，扣 2 分； 4）安全生产监管机构不健全的，扣 2 分； 5）安全监管人员不符合任职要求的，扣 2 分； 6）未定期开展安全行为审核工作的，扣 2 分			

七、消防安全管理

检查项目	依据	分值	检查内容	检查标准	发现问题	整改措施	检查周期
消防安全管理—消防设施、设备	集团公司《消防安全管理规范》《消防器械及设施管理规范》	20	1)检查消防制度、规程； 2)检查重点防火部位清单、消防台账； 3)检查隐患排查记录本； 4）巡查、检查、试验、演练、培训记录和考核记录； 5）检查动火票执行情况； 6）现场检查、考问； 7）检查消防设施及器材是否按照要求配置； 8）检查消防布置图； 9）检查消防器材采购、年检计划	1）未制定重点防火部位清单，未明确防火责任人，扣1分； 2）未制定消防安全教育培训计划的，扣1分（包括消防法、消防水系统日常使用维护培训、灭火器及消防栓使用方法、火灾报警系统培训及正压呼吸器、防毒面罩培训）； 3）未按照培训计划开展消防培训的或培训学习记录不全的，扣1分； 4）未做到消防培训全员（含常驻外包人员）覆盖的，扣1分； 5）检查正压呼吸器外观、附件是否完好无破损，压力达到27MPa，不符合要求的，扣1分； 6）检查过滤式消防自救呼吸器配置情况，不符合要求的，扣1分； 7）检查灭火器压力表盘，指针指向绿色区域为压力合格；附件是否完好；月度巡检卡记录完整，不符合要求的，扣1分；			

续表

检查项目	依据	分值	检查内容	检查标准	发现问题	整改措施	检查周期
消防安全管理—消防设施、设备	集团公司《消防安全管理规范》《消防器械及设施管理规范》	20		8）检查消防沙箱外观是否完好，沙箱内沙子不少于三分之二，不符合要求的，扣1分； 9）确保火灾报警系统无故障、无屏蔽显示，不符合要求的，扣1分； 10）检查手动报警器是否声光联动，系统有无正确显示具体位置，不符合要求的，扣1分； 11）检查烟感报警器是否能正常启动，系统有无正确显示具体位置，不符合要求的，扣1分； 12）检查消火栓报警器指示处于工作状态，不符合要求的，扣1分； 13）检查消防栓水带、枪头是否完好，不符合要求的，扣1分； 14）确保消防栓管路、阀门无渗漏，不符合要求的，扣1分； 15）检查蓄水池水位是否在三分之二以上，不符合要求的，扣1分； 16）检查稳压泵是否正常运行，控制柜面板各表针指数正常，水压满足本场站规程要求，不符合要求的，扣1分； 17）检查泵、管路、阀是否存在“跑冒滴漏”现象，不符合要求的，扣1分；			

续表

检查项目	依据	分值	检查内容	检查标准	发现问题	整改措施	检查周期
消防安全管理—消防设施、设备	集团公司《消防安全管理规范》《消防器械及设施管理规范》	20		18）检查消防系统图是否张贴在醒目位置，不符合要求的，扣1分； 19）检查消防管路水流方向标示，不符合要求的，扣1分； 20）检查消防水系统设备双重编号是否固定牢固，不符合要求的，扣1分； 21）检查是否按要求开展消防应急演练，不符合要求的，扣1分			
消防安全管理—库房	集团公司《消防安全管理规范》	10	1）现场检查、考问； 2）检查消防设施及器材是否按照要求配置； 3）检查消防布置图	1）检查油脂库房门外是否配置手推车式干粉灭火器2具、手提式干粉灭火器4具、消防沙箱1个、消防锹4把；室内是否配置手提式干粉灭火器2具，消防器材确认是否完好，不符合要求的，扣1分； 2）检查油脂库门外入口处是否安装人体防静电释放器，不符合要求的，扣1分； 3）检查油脂库房门是否可靠接地，不符合要求的，扣1分； 4）检查油脂库通风、照明设施是否正常，应均采用防爆型产品，不符合要求的，扣1分； 5）检查油脂库50L以上油桶码放不应超过2层，50L以下油桶码放不应超过3层，中间过道不应小于1米，不符合要求的，扣1分；			

续表

检查项目	依据	分值	检查内容	检查标准	发现问题	整改措施	检查周期
消防安全管理—库房	集团公司《消防安全管理规范》	10		6）检查油脂库油桶等容器是否摆放混乱或油桶外壁及地面有油污，不符合要求的，扣1分； 7）检查清洗剂、油漆、无水乙醇等易燃物，是否分类摆放，不符合要求的，扣1分； 8）检查是否有堆积杂物情况，不符合要求的，扣1分； 9）检查电暖器是否配置漏电保护装置，周围是否有杂物，不符合要求的，扣1分； 10）检查库房是否整洁、物品摆放是否整齐，不符合要求的，扣1分； 11）检查疏散通道、安全出口畅通程度，是否张贴消防紧急疏散图，不符合要求的，扣1分； 12）检查安全疏散指示标识，应急照明设施是否配置齐全，不符合要求的，扣1分			
消防安全管理—生活设施	集团公司《消防安全管理规范》	10	1）现场检查、考问； 2）检查消防设施及器材是否按照要求配置； 3）检查消防布置图	1）检查厨房热水器是否有漏电保护装置，不符合要求的，扣1分； 2）检查厨房灶台、蒸箱、电饼铛等用电设备是否可靠接地，不符合要求的，扣1分； 3）检查厨房煤气罐是否储存可靠，与灶台连接是否在安全距离以内，不符合要求的，扣1分；			

续表

检查项目	依据	分值	检查内容	检查标准	发现问题	整改措施	检查周期
消防安全管理—生活设施	集团公司《消防安全管理规范》	10		4）检查厨房煤气罐气体泄漏报警专用储存柜是否完好无损坏，不符合要求的，扣 1 分； 5）检查厨房配电箱是否可靠接地，是否有过载情况，不符合要求的，扣 1 分； 6）检查宿舍电暖器、热水器是否配置漏电保护装置，不符合要求的，扣 1 分； 7）检查宿舍是否存在插线板、充电器长期带电运行情况，不符合要求的，扣 1 分； 8）检查办公电脑是否存在长期运行过热的情况，不符合要求的，扣 1 分； 9）检查生活区域是否张贴消防布置图及紧急疏散图，不符合要求的，扣 1 分			
消防安全管理—生产设备区域	集团公司《消防器械及设施管理规范》	15		1）检查主变消防柜内手推式灭火器、手提式灭火器、消防水桶、消防铁锹、消防镐、石棉手套、石棉被等是否配置齐全、外观完好，每组灭火器保证不少于 2 具，不符合要求的，扣 1 分； 2）检查配电室、风机、箱变等电缆防火封堵是否完整，是否有缺失，不符合要求的，扣 1 分； 3）检查配电室、风机、箱变等处是否存在油污、抹布等可燃物，不符合要求的，扣 1 分；			

续表

检查项目	依据	分值	检查内容	检查标准	发现问题	整改措施	检查周期
消防安全管理—生产设备区域	集团公司《消防器械及设施管理规范》	15		4）检查机舱加热器使用后，电源是否及时断开（春、冬季特殊检查项），不符合要求的，扣 1 分； 5）检查风力发电机组的防雷系统、接地系统以及机组接地电阻，不符合要求的，扣 1 分； 6）检查风力发电机组机舱内的保温层，未采用阻燃材料的，扣 1 分； 7）检查风机、箱变加热器等热源的电缆有无隔热措施，不符合要求的，扣 1 分； 8）检查风机齿轮箱集油槽中的废油是否被及时清理，不符合要求的，扣 1 分； 9）检查现场变压器渗漏油的情况，不符合要求的，扣 1 分； 10）检查光伏组件连接头是否有过热、烧毁等情况，不符合要求的，扣 1 分； 12）检查光伏场区是否有较多杂草，不符合要求的，扣 1 分			

八、交通安全管理

检查项目	依据	分值	检查内容	检查标准	发现问题	整改措施	检查周期
交通安全管理	1)《中华人民共和国道路交通安全法》（简称《交通安全法》）; 2)《中华人民共和国道路交通安全法实施条例》; 3)《公路交通安全设施设计规范》（JTG D81—2017）; 4)《道路交通标识和标线》（GB 5768—2009）; 5)《安全标志及其使用导则》（GB 2894—2008）; 6）集团公司《交通安全管理规范》	30	1）检查车辆管理台账; 2）检查交通安全教育情况; 3）检查车辆检验、检测、保险情况; 4）检查车辆保养记录; 5）现场检查场内道路安全设施和安全标识等; 6）检查用车申请和审批	1）未对专职驾驶员开展安全教育、培训的，扣1分; 2）未对专职驾驶员进行交规和安全知识考试，不合格的进行补考的（经考试合格后安排上岗），扣1分; 3）未对新入职驾驶员的驾驶证扣分情况进行核查的，扣1分; 4）检查生产项目场内道路安全设施、安全标识配置是否符合有关标准，不符合要求的，扣1分; 5）检查护栏、防撞墩等安全措施是否配备到位，不符合要求的，扣1分; 6）检查急弯、陡坡等危险路段右侧是否设有警告标识，不符合要求的，扣1分; 7）车辆未定期开展检验、检测的，扣1分; 8）车辆未按照规定进行定期保养、年检复审、保险工作的，扣1分; 9）车辆管理台账不完善的，扣1分;			

续表

检查项目	依据	分值	检查内容	检查标准	发现问题	整改措施	检查周期
交通安全管理	1)《中华人民共和国道路交通安全法》（简称《交通安全法》）； 2)《中华人民共和国道路交通安全法实施条例》； 3)《公路交通安全设施设计规范》（JTG D81—2017）； 4)《道路交通标识和标线》（GB 5768—2009）； 5)《安全标志及其使用导则》（GB 2894—2008）； 6）集团公司《交通安全管理规范》	30		10）未按规定申请、审批使用车辆的，每处扣1分； 11）发现乘车不系安全带的，每人扣1分； 12）发现司勤人员行为不规范，如上班期间睡觉、行驶状态接打电话、迟到早退等，扣1分； 13）场内车辆存在超速行驶、人货混装的，扣1分； 14）检查到车辆未正确配备有效的安全带、安全锤、灭火器、急救包等，扣1分； 15）规范无人机管理使用，要求有专人管理、使用。发现私自使用情况的，扣1分； 16）检查车身两侧的车窗和前后窗，不得放置、粘贴、喷涂妨碍安全驾驶的物品、文字、图案，不符合要求的，扣1分			

九、职业健康管理

检查项目	依据	分值	检查内容	检查标准	发现问题	整改措施	检查周期
职业健康管理	集团公司《职业病危害管理规范》	20	1）检查职业病危害因素检测计划和结果公示情况； 2）检查职业病防护设施台账和检查情况； 3）检查阅职业健康风险识别及控制措施清单； 4）检查建设项目职业卫生“三同时”档案； 5）查阅职业健康培训计划和培训记录； 6）查阅《职业危害告知书》； 7）查阅职业健康监护档案； 8）现场检查	1）未在职业危害的场所张贴告知、警示标识或标识模糊不清的，扣 1 分； 2）未将职业病危害因素检测结果进行公布和公示，主动告知相关岗位人员的，扣 1 分； 3）未定期组织员工开展体检工作的，扣 1 分； 4）未组织开展职业健康教育培训工作的，扣 1 分； 5）未制定职业病危害因素检测计划的，扣 1 分； 6）未将职业健康体检、劳动防护用品等列入“两措”计划中的，扣 1 分； 7）未组织开展职业健康风险识别、评价，形成职业健康风险识别评价清单的，扣 1 分； 8）未制定职业健康风险控制措施的，扣 1 分； 9）未按要求建立职业卫生档案中的建设项目职业卫生“三同时”档案的，扣 1 分；			

续表

检查项目	依据	分值	检查内容	检查标准	发现问题	整改措施	检查周期
职业健康管理	集团公司《职业病危害管理规范》	20		10）未按要求组织建立并动态更新本站职业卫生档案的，扣1分； 11）未建立个人职业健康档案的，扣1分			
劳动防护用品	华能新能源股份有限公司《劳动防护用品管理规范》	30	1）检查劳动防护用品管理制度； 2）检查劳动防护用品发放记录及实际发放情况； 3）检查现场是否已制订劳动防护用品年度采购计划； 4）检查劳动防护用品的合格证或检验报告； 5）定期检查劳动防护用品的检查记录； 6）检查劳动防护用品的使用、存放、保养情况	1）未建立劳动防护用品管理制度，制度中未明确配备标准的，本项不得分； 2）未制订年度采购计划的，扣1分； 3）未及时提出更新劳动防护用品配备申请、报审的，扣1分； 4）未对劳动防护用品进行到货验收的，扣1分； 5）未建立劳动防护用品发放记录的，扣1分； 6）劳动防护用品的实际发放标准是否低于本单位制定的配备标准，是否有发放记录，不符合要求的，扣1分； 7）未对防护用品的使用进行过程分析检查，有过期或失效现象的，扣1分； 8）未按照要求正确使用、存放、保养劳动防护用品情况的，扣1分； 9）未安排专人保管、维护事故抢险和救援防护用品、公用劳动防护用品的，扣1分；			

续表

检查项目	依据	分值	检查内容	检查标准	发现问题	整改措施	检查周期
劳动防护用品	华能新能源股份有限公司《劳动防护用品管理规范》	30		10）未建立事故抢险和救援防护用品、公用劳动防护用品的月度检查台账或记录不全的，扣1分			
环境保护管理	华能新能源股份有限公司《环境保护管理规范》	20	1）查阅环境风险识别及控制措施清单； 2）查阅环保工作计划； 3）查阅环保培训计划和培训记录； 4）检查废弃物处理情况； 5）检查环保设施检查、维保情况； 6）检查项目环境评估报告及政府批复； 7）检查事故事件记录和调查报告； 8）现场检查	1）按计划组织开展环境因素识别和环境风险评价工作，形成环境风险识别评价清单，未形成清单的，扣1分； 2）针对识别评价出的环境风险制订控制措施；现场检查控制措施落实情况；制订了控制措施但未得到落实的，扣1分； 3）年度环保工作计划应纳入年度检修维修计划，并按计划实施，未按照计划实施的，扣1分； 4）未委托有资质的废弃物处理单位处理生活、生产废弃物的，扣1分； 5）未定期巡检、维护环保设备设施，记录不完善的，扣1分； 6）发生环境污染事故或其他突发性事件时未采取措施妥善处理的，扣1分； 7）现场检查发现地面或水体有油污的，扣2分			

十、风险管控

检查项目	依据	分值	检查内容	检查标准	发现问题	整改措施	检查周期
现场危险作业管理—高处作业	集团公司《电力安全工作规程》（热力与机械部分）	15	1）检查作业人员精神状态； 2）检查高度超过 1.5m 时，作业人员是否使用安全带，或采取其他可靠的安全措施； 3）检查安全用具（梯子、脚手架、安全安全帽等）是否符合要求	1）检查登高作业人员是否有饮酒、精神不振现象，不符合要求的，扣 1 分； 2）登塔作业未穿劳动防护用品（系安全带、穿工作服、穿防护鞋、戴安全帽、戴防滑手套）、未使用防坠落保险装置的，扣 1 分； 3）在没有脚手架或者在没有栏杆的脚手架上工作，高度超过 1.5m 时，未使用安全带，或未采取其他可靠的安全措施的，扣 1 分； 4）安全带外观目测检查不合格的，扣 1 分（如：安全带组件是否完整，无短缺、无破损；绳索、编织带是否无脆裂、断股、扭结；金属配件是否无腐蚀、裂纹、焊接无缺陷、无变形；挂钩钩舌咬口是否平整不错位，保险装置是否完整可靠；铆钉是否无偏位，表面平整）； 5）安全带使用不规范的，扣 1 分（要高挂低用并系在牢固可靠的地方或专挂安全带的钢丝绳上）；			

续表

检查项目	依据	分值	检查内容	检查标准	发现问题	整改措施	检查周期
现场危险作业管理一高处作业	集团公司《电力安全工作规程》（热力与机械部分）	15		6）检查高处作业是否使用工具包，较大的工具应用绳拴在牢固的构件上，随便乱放，将工具及材料上下投掷的，扣1分； 7）专用高空作业车辆未定期维护，操作人员未持证的，扣1分； 8）专用高空作业车辆，启升、制动装置是否可靠，液压机构有无渗漏现象，是否超载使用，不符合要求的，扣1分； 9）专用高空作业车辆，作业过程中熄火的，扣1分； 10）移动升降平台升降机构是否牢固完好，升降是否灵活，液压机构有无渗漏现象，是否超载使用，不符合要求的，扣1分； 11）使用铝合金快装脚手架，检查组件有无损坏、变形的，扣1分； 12）移动脚手架时，脚手架上人员未离开的，扣1分； 13）使用扣件式脚手架，检查钢管两端面是否平整；是否有斜口、毛口；使用弯曲、压扁、有裂缝、锈蚀的钢管或不同外径的钢管混用的，扣1分； 14）脚手架平台未设1.2m护栏的，扣1分；			

续表

检查项目	依据	分值	检查内容	检查标准	发现问题	整改措施	检查周期
现场危险作业管理—高处作业	集团公司《电力安全工作规程》（热力与机械部分）	15		15）检查梯子是否坚固完整，在直梯、延伸梯子上工作时，梯与地面的斜角度为60° 左右；梯子的最上两级严禁站人，不符合要求的，扣1分； 16）一个梯子上只允许一人站立，并有一人监护；严禁带人移动梯子，不符合要求的，扣1分； 17）现场检查工作票，不符合要求的，扣1分； 18）现场考问作业人员对作业方案和措施的掌握情况，不符合要求的，扣1分			
起重作业	1）集团公司《危险作业管理规范》 2）《中国华能集团有限公司电力基本建设安全管理办法》	10	1）查阅起重施工作业方案、处置方案； 2）查阅起重车辆证件、检测报告； 3）查阅施工人员证件； 4）查阅高空作业制度； 5）查阅高空作业培训制度； 6）查阅脚手架作业制度及搭拆方案； 7）现场检查	1）检查吊装方案或作业指导书及审批记录，不符合要求的，扣1分； 2）检查施工人员安全技术交底记录，不符合要求的，扣1分； 3）检查指挥人员和操作人员是否持证上岗，不符合要求的，扣1分； 4）检查起重设备及工器具的资质机构定期检验报告和保养记录、使用单位自检记录，不符合要求的，扣1分； 5）起重作业必须严格执行“十不吊”的原则，检查起重机械的安全措施的执行情况，不符合要求的，扣1分；			

续表

检查项目	依据	分值	检查内容	检查标准	发现问题	整改措施	检查周期
起重作业	1）集团公司《危险作业管理规范》 2）《中国华能集团有限公司电力基本建设安全管理办法》	10		6）起重作业区域必须设置警戒线，起重吊装作业必须安排专人进行监护，不符合要求的，扣1分； 7）现场检查工作票，不符合要求的，扣1分； 8）现场考问作业人员对作业方案和措施的掌握情况，不符合要求的，扣1分			
现场危险作业管理—有限空间作业	华能新能源股份有限公司《危险作业管理规范》	15	1）检查有限空间作业管理制度及培训； 2）检查有限空间辨识台账； 3）检查有限空间标识、安全警示； 4）检查有限空间作业工作票或措施票的办理情况； 5）检查有限空间作业工器具是否安全可靠	1）无有限空间作业管理制度，本项不得分； 2）未对有限空间作业人员（含外包单位）进行培训的，扣1分； 3）未建立有限空间清单的，扣1分； 4）未对有限空间进行标识，有限空间入口或其他显著位置未设置安全警示标识和警示说明的，扣1分； 5）有限空间作业未遵守“先通风、再检测、后作业”原则的，扣1分； 6）有限空间作业未办理工作票或有限空间措施票的、未进行安全技术交底的，扣1分； 7）检查通风、通讯、检测、照明灯具等设备，未按要求使用的，扣1分； 8）有限空间作业未制定作业方案，作业方案未经本单位相关人员审核和批准的，扣1分；			

续表

检查项目	依据	分值	检查内容	检查标准	发现问题	整改措施	检查周期
现场危险作业管理—有限空间作业	华能新能源股份有限公司《危险作业管理规范》	15		9）作业现场无作业审批表，审批项目不齐全，或未经审批负责人签字同意的，扣1分； 10）作业前未进行安全交底，交底人员及被交底人员未签字确认的，扣1分； 11）作业现场未设置围挡设施、安全警示标识或安全告知牌的，扣1分； 12）作业前未使用气体检测报警仪对有限空间进行气体检测，或检测结果不符合作业安全要求的，扣1分； 13）作业人员未正确佩戴个体防护用品和使用安全防护设备的，扣1分； 14）作业期间，监护人员未全程监护的，扣1分； 15）作业结束后未恢复现场并安全撤离的，扣1分			
现场危险作业管理—交叉作业		5	1）检查交叉作业是否有专人监护； 2）检查交叉作业安全措施是否到位	1）交叉作业未派专人进行安全监护的，扣1分； 2）两个以上作业现场，工作负责人是否共同到现场落实安全措施，不符合要求的，扣1分			
现场危险作业管理—动火作业	华能新能源股份有限公司《危险作业管理规范》	5	1）检查动火作业人员培训记录； 2）检查动火作业措施票及相关记录；	1）未对危险作业人员进行相应培训的，扣1分； 2）动火作业未按动火管理规定执行，如未按规定办理动火作业措施票的，扣1分；			

续表

检查项目	依据	分值	检查内容	检查标准	发现问题	整改措施	检查周期
现场危险作业管理—动火作业	华能新能源股份有限公司《危险作业管理规范》	5	3）检查动火作业专项方案和安全措施的审批记录	3）动火作业无专项方案或无安全措施的审批记录的，扣1分； 4）动火作业相关工器具不合格或配置数量不足的，扣1分			
特种设备及特种作业人员安全管理	1）华能新能源股份有限公司《特种作业人员管理规范》 2）《特种设备管理规范》	10	1）检查特种设备定期审验记录； 2）检查特种设备定期检测和日常维护保养记录；查阅运行故障和事故记录； 3）检查现场特种作业人员持证上岗情况； 4）检查特种作业人员管理档案； 5）现场提问	1）未张贴特种设备定期审验记录的，扣1分； 2）未建立特种设备技术档案，特种设备的检测、维保、故障等记录不符合要求的，扣1分； 3）未持证上岗的（如登高、电工、电火焊、起重作业等），每人扣1分，最多扣3分； 4）未建立并及时更新特种作业人员证件台账的，扣1分； 5）未对外包单位特种作业人员持证情况进行审查的，扣1分； 6）未对特种作业人员作业现场进行监督检查的，扣1分； 7）未对作业人员进行现场考问的，（风机爬塔采取的相关安全、停机等措施掌握是否全面以及安全带使用是否正确），扣1分			

十一、用电安全管理

检查项目	依据	分值	检查内容	检查标准	发现问题	整改措施	检查周期
用电安全管理—临时用电	集团公司《电力安全工作规程》和华能新能源股份有限公司《防触电管理规范》	20	1）检查临时用电制度； 2）检查临时用电审批手续； 3）检查临时电源箱标识，包括：责任人、联系电话及警示标识； 4）检查临时电源安装、布线、保护设置等情况； 5）现场检查临时用电作业情况	1）无临时用电制度的，本项不得分； 2）施工现场临时用电未履行审批手续的，扣 1 分； 3）临时电源箱未按规定配置“一机、一闸、一保护”的，扣 2 分； 4）临时电源箱未按规定做出设备标识及警示标示的，扣 1 分； 5）临时电源箱安装、电缆敷设不符合安全相关规定的，扣 2 分； 6）未根据现场情况进行风险评估，随意确定临时电源接入地点的，扣 1 分； 7）未结合负荷容量、工作内容、工作地点等实际情况办理相关手续的，扣 2 分； 8）未安排运行人员监督临时用电接线过程即送电的，扣 1 分； 9）未按照工作票流程执行临时用电流程的，扣 2 分； 10）未对用电单位的用电安全管理情况进行不定期检查，或检查记录不完善、或发现问题未跟踪整改情况的，每处扣 1 分，最多扣 3 分； 11）现场发现临电线路、用电设备损坏、绝缘失效等情况的，每处扣 1 分，最多扣 3 分			

续表

检查项目	依据	分值	检查内容	检查标准	发现问题	整改措施	检查周期
用电安全管理—日常用电	集团公司《电力安全工作规程》和华能新能源股份有限公司《防触电管理规范》	20	1）检查油脂库、蓄电池室防爆灯具安装情况，开关固定在门外； 2）检查设备间、生活区配电箱（柜）本体接地良好、可靠； 3）检查设备间、生活区配电箱（柜）标识清晰； 4）检查宿舍、厨房热水器、电暖气、设备间、生活区漏电保护装置配置情况； 5）检查厨房用电设备可靠接地	1）油脂库未安装防爆灯具，开关未固定在门外的，扣 1 分； 2）蓄电池室未安装防爆灯具，开关未固定在门外的，扣 1 分； 3）配电箱（柜）未进行可靠接地的，扣 1 分； 4）配电箱（柜）无标识或标识不清晰的，扣 1 分； 5）设备间、生活区电暖气未配置漏电保护装置的，扣 1 分； 6）宿舍随意私拉电源的，扣 1 分； 7）宿舍使用 2000W 以上大功率电器的，扣 1 分； 8）宿舍热水器未配置漏电保护装置的，扣 1 分； 9）宿舍电暖气未配置漏电保护装置的，扣 1 分； 10）床上私放电源接线板的，扣 1 分； 11）随意更改、拆卸、安装电源线路、插头等的，扣 1 分； 12）厨房灶台、蒸箱、电饼铛等用电设备未可靠接地的，扣 1 分； 13）厨房配电箱未可靠接地的，扣 1 分； 14）厨房电暖气、热水器未配置漏电保护装置的，扣 1 分			

十二、外包安全管理

检查项目	依据	分值	检查内容	检查标准	发现问题	整改措施	检查周期
外包管理	集团公司《电力企业发承包工程安全管理办法》； 《外包工程安全管理规范》	30	1）查阅外包工程（安全）管理相关制度； 2）查阅外包工程合同及安全协议（安全合同）； 3）对比核查外包工程合同与实际入场队伍； 4）对比核查外包单位企业、人员资质和机具的检验、检定情况；检查备案情况； 5）检查外包工程人员培训记录； 6）检查安全交底记录等； 7）检查安全简报、事故通报学习等安全活动记录	1）未建立外包工程管理相关制度的，本项不得分； 2）外包工程是否存在转包、违规分包现象，不符合要求的，扣1分； 3）承包单位存在分包情况，分包合同是否在发包单位备案，是否提供分包合同，不符合要求的，扣1分； 4）检查外包单位安全资质和施工资质，不符合要求的，扣1分； 5）外包工程未签订安全协议（安全合同）的，扣1分； 6）安全协议（安全合同）关于发承包双方的安全责任划分不明确，奖惩考核情形和标准不具体的，扣1分； 7）检查承包单位是否根据工程实际情况，编制安全措施、技术措施、组织措施和施工作业方案，不符合要求的，扣1分； 8）外包项目负责人、安全管理人员和技术负责人与投标文件不符，是否履行人员变更审批手续，不符合要求的，扣1分；			

续表

检查项目	依据	分值	检查内容	检查标准	发现问题	整改措施	检查周期
外包管理	集团公司《电力企业发承包工程安全管理办法》； 《外包工程安全管理规范》	30		9）外包项目负责人、安全生产管理人员、特种作业人员是否按照国家规定持证上岗，不符合要求的，扣1分； 10）特种作业人员清单未及时更新，每人扣1分；特种作业证件过期，扣4分； 11）是否组织承包单位项目负责人、技术人员和安全管理人员等进行安全、技术措施交底，不符合要求的，扣1分； 12）是否对外包人员进行入场安全教育，不符合要求的，扣1分； 13）外包人员无劳动合同、未提供体检合格证明、未办理工伤保险的，扣1分； 14）未按规定配备专（兼）职安全员的，扣5分； 15）是否组织对外包人员开展日常安全检查，不符合要求的，扣1分； 16）外包项目的安全施工措施费是否正确执行，不符合要求的，扣1分； 17）外包单位入场施工机械、车辆、工器具及安全防护用品是否符合安全规范和检验规定，不符合要求的，扣1分； 18）外包人员是否按照文件要求行使“三权人”职责，定期进行考试，不符合要求的，扣1分			

续表

检查项目	依据	分值	检查内容	检查标准	发现问题	整改措施	检查周期
外包人员安全措施落实	华能新能源股份有限公司《外包工程安全管理规范》	20	1）检查外包人员劳防用品； 2）检查外包人员教育培训情况； 3）检查外包单位工作票执行； 4）检查外包单位车辆； 5）检查外包单位人员合同	1）未制订发放劳动防护用品及用具发放管理办法的，扣 4 分；未按规定进行发放的，每违反一次扣 2 分； 2）员工劳动保护用品领用记录不规范的，扣 2 分； 3）检查外包人员安全帽、安全带、安全绳、绝缘鞋、工作服、线手套等劳动防护用品的配备情况，不符合要求的，扣 1 分； 4）检查外包单位人员安全防护用品是否在有效期内，是否完整可靠，不符合要求的，扣 1 分； 5）安全帽、安全带存在过期使用情况的，每个扣 1 分； 6）使用超期未检或损坏的安全用具、电动工器具或起重机具的，每次扣 2 分；没有建立清单和专人管理的，扣 2 分； 7）检查外包单位安全教育培训情况是否真实有效，不符合要求的，扣 1 分； 8）检查外包单位的工作票填写是否规范、整洁，不符合要求的，扣 1 分； 9）检查外包单位的工作票执行情况，不符合要求的，扣 1 分； 10）检查外包单位的工作票危险点预控措施卡是否符合实际工作要求，不符合要求的，扣 1 分；			

续表

检查项目	依据	分值	检查内容	检查标准	发现问题	整改措施	检查周期
外包人员安全措施落实	华能新能源股份有限公司《外包工程安全管理规范》	20		11）检查外包单位的车辆是否按规定速度行驶及摆放，不符合要求的，扣1分； 12）检查外包合同执行完毕后，风光电站是否对外包单位的整体安全表现进行评价，不符合要求的，扣1分			
外包人员管理	集团公司《外包工程安全管理规范》	20	1）检查记录； 2）现场检查	1）未指定陪同人员，向各级检查指导人员、参观访问人员介绍现场安全措施、应急要求和注意事项的，扣1分； 2）发现未经授权的外来人员进入非参观区域、工作范围生产区域的，如控制室等，扣1分； 3）未针对厂家服务人员、外包工程人员指定一名工作联络人，负责联系、协调和安全监督管理工作的，扣1分； 4）检查发现在开工前未对外来工作人员进行安全技术交底的，扣1分； 5）检查发现常驻外包人员未参与应急演练的，扣1分； 6）检查发现进入生产区域的外包工程人员、厂家服务人员未身着工作服，未佩戴合适的劳动防护用品的，扣1分；			

续表

检查项目	依据	分值	检查内容	检查标准	发现问题	整改措施	检查周期
外包人员管理	集团公司《外包工程安全管理规范》	20		7）检查发现对实习人员管理松懈，如随意进入实习范围以外的生产区域、随意触碰现场设备设施、单独从事运行及现场检修工作的，扣1分； 8）检查发现对外来人员在工作中发生的不安全情况或事件未及时汇报的，扣1分			

十三、防寒防冻检查

检查项目	依据	分值	检查内容	检查标准	发现问题	整改措施	检查周期
防寒防冻检查—设备设施	依据上级公司要求，结合现场实际情况进行检查	40	1）检查升压站设备端子箱、操作箱加热器投入情况及密封性； 2）检查配电室防寒门帘安装及加热器投退情况； 3）检查升压站电缆沟盖板完好性； 4）检查风机低温保护信号；	1）发现设备端子箱、操作箱加热器未正常投入的，扣1分；（结合现场实际） 2）发现设备端子箱、操作箱密封性不良的；端子箱无防尘罩或防尘罩老化破损扣的，1分； 3）发现电缆沟盖板破损、缺失，存在严重积水、积雪现象的，扣1分； 4）发现设备间、配电室门窗密封不良，未安装防寒门帘的，扣一分；			

续表

检查项目	依据	分值	检查内容	检查标准	发现问题	整改措施	检查周期
防寒防冻检查—设备设施	依据上级公司要求，结合现场实际情况进行检查	40	5）检查风机风速、风向仪加热、各设备控制柜加热功能； 6）检查箱变油位； 7）检查箱变、逆变器密封性，加热器是否正常投运； 8）极寒、雨雪天气检查风机叶片、线路结冰、覆冰现象	5）设备间、配电室电暖气无法正常投入的，或未配置漏电保护装置的，扣1分； 6）发生屏蔽低温保护信号的，扣1分； 7）夏季防止超温采取的通风措施未及时恢复的，扣1分； 8）发现风速、风向仪加热功能不正常的，扣1分； 9）风机机舱、设备控制柜加热器不能正常投入使用的，扣1分； 10）极寒、雨雪天气检查叶片有结冰现象，未采取防范措施的，扣1分； 11）箱变油位低于正常范围的，扣1分； 12）箱变门密封不良的，扣1分； 14）逆变器门密封不良的，扣1分； 15）极寒、雨雪天气检查线路有覆冰、凝冻现象，未采取措施的，扣1分			
防寒防冻检查—生活、消防水系统	依据上级公司要求，结合现场实际情况进行检查	20	1）检查水泵房门窗密封性、电暖器投运情况； 2）检查消防、生活水管道、阀门保温措施； 3）检查消防、生活水管道、阀门“跑冒滴漏”、受冻现象	1）水泵房门窗密封不良，电暖器不能正常使用的的，扣1分； 2）消防、生活井管道积水是否及时排空，防寒措施是否完善，不符合要求或未采取保温措施的，扣1分； 3）水源井房门窗密封不良，冰冻线以上未做保温措施的，扣1分； 4）消防、生活水管道、阀门存在“跑冒滴漏”或受冻现象的，扣1分			

续表

检查项目	依据	分值	检查内容	检查标准	发现问题	整改措施	检查周期
防寒防冻检查—车辆	依据上级公司要求，结合现场实际情况进行检查	10	1）检查车辆定期保养、防滑链、雪地胎配备情况； 2）检查出车审批情况	1）未严格执行出车审批制度的，扣2分； 2）低温天气车辆未做保温措施，无法保证出车率的，扣1分； 3）车辆定期保养，是否更换适合冬季气候特点的防冻液、玻璃水，有无车辆带病运行现象，不符合要求的，扣1分； 4）车辆未配备防滑链或雪地胎的，扣1分			
防寒防冻检查—道路	依据上级公司要求，结合现场实际情况进行检查	10	检查升压站巡视道路、进场道路、检修道路积雪、结冰情况	1）升压站巡视道路积雪、结冰未及时清理的，扣1分； 2）进站道路积雪、结冰未及时清理的，扣1分； 3）检修道路积雪、结冰导致车辆无法通行的，扣1分			
防寒防冻检查—应急管理	依据上级公司要求，结合现场实际情况进行检查	20	1）检查除雪工具、机械满足现场要求； 2）检查作业人员防寒防冻劳动防护用品配备情况； 3）检查应急食品、柴油、融雪剂储备情况；	1）检查到人员防寒防护用品未落实（如：棉安全帽、棉手套、棉大衣等）或未配备齐全的，扣1分； 2）检查到除雪工具、机械不满足现场要求的，扣1分； 3）检查应急、备用电源，农网10kV电源等运行工况，不满足应急使用要求的，扣1分；			

续表

检查项目	依据	分值	检查内容	检查标准	发现问题	整改措施	检查周期
防寒防冻检查—应急管理	依据上级公司要求，结合现场实际情况进行检查	20	4）检查应急、备用电源、农网 10kV 电源可正常使用； 5）检查防寒防冻处置方案是否符合现场实际情况、应急演练开展情况； 6）检查采暖设备的备品备件储存情况	4）冬季—35 号柴油及汽油是否储备充足，不满足要求的，扣 1 分； 5）应急食品是否储备充足，不满足要求的，扣 1 分； 6）融雪剂是否储备充足，不满足要求的，扣 1 分； 7）检查采暖设备是否配备充足，如电暖气，不满足要求的，扣 1 分； 8）检查防雨雪冰冻灾害处置方案是否能够有效执行，是否符合现场实际情况，不符合要求的，扣 2 分； 9）未开展防寒防冻处置方案培训及应急演练的，扣 1 分			

十四、防洪度汛检查

检查项目	依据	分值	检查内容	检查标准	发现问题	整改措施	检查周期
防洪度汛检查—建筑物	依据上级公司要求，结合现场实际情况进行检查	15	1）检查建筑物屋顶防水层、门窗、地基、散热排风孔；	1）检查屋顶防水层是否完好，无破损，无裂纹，无渗漏水现象，不符合要求的，扣 1 分；			

续表

检查项目	依据	分值	检查内容	检查标准	发现问题	整改措施	检查周期
防洪度汛检查—建筑物	依据上级公司要求，结合现场实际情况进行检查	15	2）检查排水渠、排水管道、排水井； 3）检查升压站围墙； 4）检查屋顶避雷设施	2）检查建筑物结构（包括门窗）是否存在松动、裂纹、倾斜、变形，承重墙砖是否平整完好，不符合要求的，扣1分； 3）检查门窗是否严密，是否存在雨水浸入风险，不符合要求的，扣1分； 4）检查房屋周围是否存在基坑、积水，地基有无进水及下沉情况，不符合要求的，扣1分； 5）检查散热排风孔洞是否有雨水浸入，不符合要求的，扣1分； 6）检查排水设施是否破损、缺失、畅通，不符合要求的，扣1分； 7）检查地面排水渠、排水管道及排水井是否完好，有无杂物、杂草、淤泥等异物堵塞或塌陷等无法正常排水情况，不符合要求的，扣1分； 8）检查围墙是否存在松动、裂纹、倾泻、变形、坍塌、缺失，不符合要求的，扣1分； 9）检查各屋顶避雷网是否存在断裂，是否连接到位，是否引入接地网，不符合要求的，扣1分； 10）检查围墙周围是否存在基坑、积水，地基有无进水及下沉情况，不符合要求的，扣1分；			

续表

检查项目	依据	分值	检查内容	检查标准	发现问题	整改措施	检查周期
				11）检查避雷针基础是否牢固，避雷针是否异常倾斜，是否存在倒塌风险，不符合要求的，扣1分			
防洪度汛检查—集电线路	依据上级公司要求，结合现场实际情况进行检查	15	1）检查升压站架构区； 2）检查外送线路； 3）检查集电线路； 4）检查防洪沟、护坡、排水沟； 5）检查电缆沟	1）检查电气设备支撑钢结构基础周围是否有基坑，地基有无下沉，不符合要求的，扣1分； 2）检查电气设备支撑钢结构是否存在异常倾斜、变形、松动、裂纹等情况，不符合要求的，扣1分； 3）检查铁塔、水泥杆等基础是否牢固，有无破损、倾斜，不符合要求的，扣1分； 4）检查铁塔、水泥杆等地脚螺栓有无锈蚀、松动，拉线地锚有无锈蚀、松动，不符合要求的，扣1分； 5）检查防洪沟、排水沟有无堵塞，防洪沟内有无大量杂物，不符合要求的，扣1分； 6）检查护坡有无塌陷，是否完整，不符合要求的，扣1分； 7）检查防洪沟、排水沟有无塌陷，是否完整，不符合要求的，扣1分； 8）检查电缆沟有无积水、杂物、淤泥、坍塌、封堵，盖板是否完好平整，不符合要求的，扣1分			

续表

检查项目	依据	分值	检查内容	检查标准	发现问题	整改措施	检查周期
防洪度汛检查—箱变、风机等	依据上级公司要求，结合现场实际情况进行检查	20	1）检查箱变、逆变器基础； 2）检查风机天窗、控制柜、端子箱	1）检查箱变、逆变器基础有无下陷、是否完整，不符合要求的，扣1分； 2）检查箱变、逆变器基础内有无积水，不符合要求的，扣1分； 3）检查风机天窗、控制柜、端子箱有无漏水、渗水现象，是否影响设备运行，不符合要求的，扣1分			
防洪度汛检查—场内道路	依据上级公司要求，结合现场实际情况进行检查	10	检查场内道路	1）检查场内道路涵洞有无堵塞损毁，通水是否顺畅，不符合要求的，扣1分； 2）检查场内过水路面有无损坏，有无被沙土淹没，不符合要求的，扣1分； 3）检查场内道路是否有塌方，不符合要求的，扣1分			

十五、文明生产管理

检查项目	依据	分值	检查内容	检查标准	发现问题	整改措施	检查周期
文明生产管理—公共区域	华能新能源股份有限公司《文明生产管理规范》	20	1）检查主控室、办公室、宿舍物品是否根据定置图摆放及室内卫生情况；	1）未制订卫生区域划分表的，或不符合要求的，扣1分； 2）检查主控室、办公室等垃圾是否及时清理，不符合要求的，扣1分；			

续表

检查项目	依据	分值	检查内容	检查标准	发现问题	整改措施	检查周期
文明生产管理—公共区域	华能新能源股份有限公司《文明生产管理规范》	20	2）检查升压站站区、场区卫生情况； 3）检查车辆是否停放在指定停车位	3）检查主控室、办公室、宿舍等有无定置图，未按定置图摆放，不符合要求的，扣1分； 4）检查升压站综合楼、服务楼楼道地面、窗台、扶梯是否干净，不符合要求的，扣1分； 5）检查升压站综合楼、服务楼公共卫生间便池、洗脸池、地面的卫生情况，不符合要求的，扣1分； 6）检查主控室、办公室地面、桌椅、电脑等是否有尘土、污渍，不符合要求的，扣1分； 7）检查库房地面是否有尘土、污渍，不符合要求的，扣1分； 8）检查生活区内消防通道是否被占用；楼内逃生通道是否畅通、楼梯是否堆放物品；防火、逃生门是否被锁，不符合要求的，扣1分； 9）检查车辆是否按规定要求停放，不符合要求的，扣1分； 10）资料柜内物品应定置摆放，文件盒或资料盒内应有资料明细表，盒内资料应按顺序存放，不符合要求的，扣1分；			

续表

检查项目	依据	分值	检查内容	检查标准	发现问题	整改措施	检查周期
文明生产管理—公共区域	华能新能源股份有限公司《文明生产管理规范》	20		11）升压站内道路、场地应整齐、清洁、无痰迹、无垃圾、无杂物，不得随便堆放物品，不符合要求的，扣1分； 12）站内主要通道（含消防通道）平整畅通，地沟盖板齐全完整，下水道无堵塞，电缆沟内整齐无积水；路灯、交通标识牌（线）规范且完好，不符合要求的，扣1分； 13）风场道路平整、畅通；截渗沟（或排水沟道）无堵塞、护坡完整；道路标识齐全；直埋电缆集电线路电缆标识桩完整、清晰，不符合要求的，扣1分； 14）站内绿化草坪整齐美观，养护良好，绿化区内无杂物，有序整洁，不符合要求的，扣1分			
文明生产管理—作业现场				检修维护（含外包工程）作业人员严格执行检修工艺规程，文明施工，检修和设备消缺时做到“三无”（无油迹、无水、无灰），“三齐”（拆下零部件排放整齐，检修机具摆放整齐，材料备品堆放整齐），“三不乱”（电线不乱拉，管子不乱放，杂物不乱丢），每天收工前清扫场地，做到“工完料净场地清”，不符合要求的，扣1分			

续表

检查项目	依据	分值	检查内容	检查标准	发现问题	整改措施	检查周期
文明生产管理—食宿安全管理		30	1）检查现场作业人员是否按要求穿戴工作服、绝缘鞋等情况； 2）检查宿舍（包括卫生间）是否卫生良好，床铺、物品是否摆放整齐； 3）检查食堂卫生是否良好；厨房器具是否摆放整齐；主、副食是否分类存放；液化气瓶是否符合规定	1）检查生产区域作业人员是否穿戴工作服、绝缘鞋等，特殊操作未正确佩戴必要的安全防护用品，或穿戴不符合要求的，扣1分； 2）检查发现宿舍人员在走廊内大声喧哗、追逐打闹的，扣1分； 3）检查宿舍是否存在不叠被子，日常用品桌椅、衣物、鞋子、电脑摆放不整齐现象，不符合要求的，每处扣1分； 4）检查宿舍地面、窗台、桌椅是否有尘土、污渍等；宿舍垃圾桶是否定时清理，不符合要求的，每处扣1分； 5）检查宿舍用品是否按定置图摆放，不符合要求的，扣1分； 6）发现餐饮工作人员健康体检不合格的，扣1分； 7）检查食堂工作人员是否正确穿戴工作服、工作帽和口罩；食堂操作间、餐厅所有设备及餐具是否摆放有序，干净整齐，不符合要求的，扣1分； 8）检查发现风险性较高的烹饪设备，如和面机、绞肉机、蒸箱等，未张贴危险告知卡于设备附近显眼处的，扣1分；			

续表

检查项目	依据	分值	检查内容	检查标准	发现问题	整改措施	检查周期
文明生产管理—食宿安全管理		30		9）检查食堂、餐厅有无尘土、污渍；是否配备灭蝇、防毒、防鼠设施等；座椅、桌子摆放是否整齐；食堂垃圾是否进行定期清理，不符合要求的，扣1分； 10）检查餐具是否使用消毒柜进行消毒；厨器具、调料盒等是否存在污渍，不符合要求的，扣1分； 11）检查生、熟食是否分类存放，不符合要求的，扣1分			

十六、教育培训

检查项目	依据	分值	检查内容	检查标准	发现问题	整改措施	检查周期
安全生产教育培训制度	华能新能源股份有限公司《安全教育培训管理规范》	5	检查安全生产教育培训制度	1）未建立安全生产教育培训制度的，此项不得分； 2）制度中未明确计划编制、组织实施、监督考核、效果评估的，扣1分			
安全生产培训档案	华能新能源股份有限公司《安全教育培训管理规范》	20	检查员工安全生产培训档案、年度培训计划、需求分析问卷、师徒协议、考试试卷等相关文件材料	1）主要负责人和安全生产管理人员应当接受安全生产法律法规、安全管理、安全生产技术、事故预防、职业病防治、应急管理、事故调查等内容的培训，经考核合格后持证上岗，未持证的，扣1分；			

续表

检查项目	依据	分值	检查内容	检查标准	发现问题	整改措施	检查周期
安全生产培训档案	华能新能源股份有限公司《安全教育培训管理规范》	20		2）未建立员工安全生产培训档案的（包含外包人员），此项不得分； 3）员工安全生产培训档案不规范、不完善的（包含外包人员），扣1分； 4）检查新入职员工开展三级安全教育的情况及特种作业人员的取证情况，并将其纳入个人安全生产培训档案，内容不完整、有缺失的，扣1分； 5）检查定期、专题培训、考试，并将定期考试成绩单、专题考试成绩单、补考成绩单，每年培训总结和效果评估纳入个人安全生产培训档案，内容不完整、有缺失的（包含外包人员），扣1分； 6）检查新入职员工进岗成绩单，师徒合同，试用期鉴定考试成绩单，师带徒出徒成绩单、转正情况纳入个人安全生产培训档案，内容不完整、有缺失的，扣1分			
培训计划		5	检查年度培训计划	1）安全第一责任人未亲自组织开展培训需求调查分析的，扣1分； 2）未制订、审批年度培训计划，未指定培训项目负责人的，扣1分； 3）未将安全、消防、职业健康、特种作业等知识、技能培训纳入年度培训计划，或计划未审批的，扣1分；			

续表

检查项目	依据	分值	检查内容	检查标准	发现问题	整改措施	检查周期
				4）未按期完成年度培训计划，未对培训效果进行评价、总结的，扣 1 分； 5）未将应急培训纳入年度培训计划的，扣 1 分			
培训、教育、考试		30	对相关人员安全生产知识、技能进行现场考问，重点对比试卷得分情况和人员对考试内容的实际掌握情况	1）对集团公司、新能源公司、蒙西分公司下发的文件学习没有记录，负责人没有评价的，扣 1 分； 2）新能源公司《风电行业典型事故案例汇编》学习没有记录，负责人没有评价的，扣 1 分； 3）每月一次安全生产法律法规学习，没有记录，负责人没有评价的，扣 1 分； 4）参加培训人员要逐一签名，未全员签名的（包含外包人员），扣 1 分； 5）生产人员晋升上一级岗位未按规定进行专业技术考试的，扣 1 分； 6）未组织新员工签订师徒合同的，扣 1 分； 7）未对新上岗人员、劳务派遣人员、新的长期驻场外包运维人员进行企业、部门、班组三级安全教育及考试的，扣 1 分；			

续表

检查项目	依据	分值	检查内容	检查标准	发现问题	整改措施	检查周期
培训、教育、考试		30		8）未对转入生产岗位的员工及离开生产岗位 3 个月以上的人员在上岗前，进行培训、现场见习和跟班实习并经考试合格后上岗的，扣 1 分 9）设备经过重大技术改造后，相关的生产人员未经过培训和考试合格后再上岗的，扣 1 分； 10）生产岗位人员每年进行一次安全、运行、检修规程考试，有不及格者（包含外包人员），每人扣 1 分； 11）借调（用）其他单位生产人员、临时借工到现场工作时，未进行部门级和班组级安全生产教育培训和考试的，扣 1 分； 12）安全知识考试题目针对性不强、存在弄虚作假现象的，扣 1 分； 13）安全知识考试批改、打分不规范、不严肃的，扣 1 分； 14）对工作票签发人、负责人、许可人、单独巡视高压设备人员（包含外包人员）进行现场考问，相关知识掌握不理想的，扣 1 分； 15）对有限空间作业人员（包含外包人员）进行现场考问，相关知识掌握不理想的，扣 1 分；			

续表

检查项目	依据	分值	检查内容	检查标准	发现问题	整改措施	检查周期
培训、教育、考试		30		16）未对外包单位作业人员、实习人员在进入作业现场前进行现场有关安全知识的教育培训并考试合格后再开始工作的，扣 1 分； 17）未组织对本部门各专业所有工种员工的安全技能、知识水平和管理能力进行评估，未将评估结果填写《培训需求清单》的，扣 1 分； 18）每年 6 月底和 12 月底前，各部门未完成上半年和年度全员安全培训总结工作报告的，扣 1 分			

十七、网络安全管理

检查项目	依据	分值	检查内容	检查标准	发现问题	整改措施	检查周期
网络安全组织管理	集团公司《关于明确和加强集团公司所属单位网络安全监管力量的通知》	25	1）是否宣传贯彻落实习近平总书记关于网络安全的重要论述，组织学习网络安全方面的中央政策、法律法规及集团公司网络安全管理制度； 2）是否定期对内部人员进行网络安全意识教育和岗位技能培训；	1）询问、查阅相关宣贯发文、培训记录、培训总结等材料，不符合要求的，扣 1 分； 2）询问是否对各类人员(普通用户、单位领导等）进行网络安全教育、岗位技能和安全技术培训，不符合要求的，扣 1 分；			

续表

检查项目	依据	分值	检查内容	检查标准	发现问题	整改措施	检查周期
网络安全组织管理	集团公司《关于明确和加强集团公司所属单位网络安全监管力量的通知》	25	3）检查落实《关于明确和加强集团公司所属单位网络安全监管力量的通知》的情况，是否明确网络安全责任领导，是否明确单位一把手为网络安全第一责任人、分管领导为网络安全直接责任人； 4）检查落实《关于明确和加强集团公司所属单位网络安全监管力量的通知》的情况，是否设立网络安全管理工作的职能部门，设立安全主管、安全管理各个方面的负责人岗位，并定义各负责人的职责； 5）检查落实《关于明确和加强集团公司所属单位网络安全监管力量的通知》的情况，是否配备专职网络安全管理员，网络安全管理人员是否签署保密协议； 6）人员入职时，是否办理系统分配权限审批手续；人员离岗离职时，是否收回其相关权限并签署保密承诺书；	3）核查网络安全教育和技能培训文档，是否明确培训周期、培训方式、培训内容和考核方式等相关内容，不符合要求的，扣1分； 4）检查网络安全培训次数及占本单位人数比例，不符合要求的，扣1分； 5）查阅发文，是否成立了网络安全与信息化领导小组，不符合要求的，扣3分； 6）核查部门职责文档是否明确了网络安全与信息化领导小组构成情况和相关职责，不符合要求的，扣1分； 7）核查主要领导是否为第一负责人，分管领导为直接负责人，不符合要求的，扣1分； 8）检查是否设置信息化专职管理机构，不符合要求的，扣1分； 9）信息化专职管理机构是否为网络安全监督管理部门，不符合要求的，扣1分； 10）是否明确1名部门负责人分管网络安全工作，不符合要求的，扣0.5分；			

续表

检查项目	依据	分值	检查内容	检查标准	发现问题	整改措施	检查周期
网络安全组织管理	集团公司《关于明确和加强集团公司所属单位网络安全监管力量的通知》	25	7）是否制订网络安全管理制度并定期修订，包括人员管理、资产管理、采购管理、外包管理、教育培训等，安全管理制度是否以正式文件发布； 8）网络安全相关要求是否已纳入日常管理流程和作业流程； 9）是否编制印发网络安全应急预案，包括应急处理流程、系统恢复流程等内容； 10）是否制订安全事件报告和响应处理程序，确定事件的报告流程，响应和处置的范围、程度，以及处理方法等； 11）是否建立电力监控系统应急预案，开展应急预案培训，并定期演练	11）关键信息基础设施网络安全保护（简称关基）单位是否明确分管网络安全的领导班子成员作为首席网络安全官，不符合要求的，扣 0.5 分； 12）核查部门职责文档是否明确网络安全管理工作的职能和各负责人职责，不符合要求的，扣 1 分； 13）关基运营单位及基层企业的信息化专职管理机构应配备至少 1 名网络安全专职人员，非关基二级单位及基层企业网络安全监管部门应配备至少 1 名网络安全专（兼）职人员，不符合要求的，扣 1 分； 14）各二级单位、基层企业各内设部门应指定 1 名网络安全员。关基运营单位及基层企业，应在关基业务生产运行部门配备至少 1 名关基业务网络安全员，不符合要求的，扣 1 分； 15）核查管理人员职责文件及保密协议，不符合要求的，扣 1 分；			

续表

检查项目	依据	分值	检查内容	检查标准	发现问题	整改措施	检查周期
网络安全组织管理	集团公司《关于明确和加强集团公司所属单位网络安全监管力量的通知》	25		16）核查人员入职审批文件及离职离岗人员权限收回手续文件以及保密承诺书，不符合要求的，扣1分； 17）核查是否有网络安全管理制度并定期（一年）修订，不符合要求的，扣1分； 18）核查是否具有总体方针策略文件、管理制度，操作规程和记录台账等，不符合要求的，扣1分； 19）核查网络安全应急预案，预案内容是否包括了应急响应、处理、恢复、报告等，并定期修订，不符合要求的，扣2分； 20）核查安全事件报告和处置管理制度是否明确了与安全事件有关的工作职责、各项安全事件的报告、处置和响应流程等，不符合要求的，扣1分； 21）访谈相关人员是否发生过网络安全事件，不符合要求的，扣0.5分；			

续表

检查项目	依据	分值	检查内容	检查标准	发现问题	整改措施	检查周期
网络安全组织管理	集团公司《关于明确和加强集团公司所属单位网络安全监管力量的通知》	25		22）发生网络安全事件后，是否及时向主管领导报告，并按预案开展处置工作；重大事件是否及时通报网络安全主管部门，不符合要求的，扣 0.5 分； 23）访谈有关负责人是否定期对相关人员进行应急预案培训和演练，不符合要求的，扣 0.5 分； 24）核查应急预案培训记录是否明确培训对象、培训内容、培训结果等，不符合要求的，扣 1 分； 25）核查应急预案演练记录是否记录演练时间、主要操作内容、演练结果等，不符合要求的，扣 0.5 分			
网络安全运维管理	集团公司《关于明确和加强集团公司所属单位网络安全监管力量的通知》	71	1）是否建立完整资产台账，统一编号、统一标识、统一发放，是否与实际一致，是否分区分域管理；	1）查阅资产台账、审批记录、管理制度等材料，不符合要求的，扣 1 分； 2）重点排查互联网侧资产，如外部网站、微信公众号、移动 APP 等，检查互联网资产台账是否完整，不符合要求的，扣 1 分；			

续表

检查项目	依据	分值	检查内容	检查标准	发现问题	整改措施	检查周期
网络安全运维管理	集团公司《关于明确和加强集团公司所属单位网络安全监管力量的通知》	71	2）是否有本单位互联网资产台账，包括统计公网、云端部署系统（含非本单位部署建设的系统）；是否存在外包服务商未经许可私自设立的含有集团标识的互联网资产； 3）网络安全设备是否按最小化原则设置策略； 4）是否制做了本单位详细的网络拓扑图，是否与实际一致，是否详尽； 5）是否制订信息系统资产管理制度，并明确责任人职责； 6）落实设备责任制，做到“横向到边，纵向到底”，确保每台设备落实到责任人； 7）闲置系统/设备、僵尸系统/设备是否已关停； 8）是否采取必要的措施识别安全漏洞和隐患，对发现的安全漏洞和隐患及时进行修补，或评估可能造成的影响后进行修补；	3）检查外包服务商管理，是否存在脱管脱控情况及是否签订保密协议，不符合要求的，扣1分； 4）检查网络安全设备策略配置情况，是否定期（3～6个月）备份，检查备份文件，不符合要求的，扣1分； 5）对照拓扑图核查实际设备、资产清单是否满足“图、账、物一致”的要求，并定期修订，检查拓扑图是否划分了安全分区，不符合要求的，扣1分； 6）核查信息系统资产管理制度建立情况，是否符合要求，不符合要求的，扣2分； 7）制度内容是否明确责任人或责任部门，不符合要求的，扣1分； 8）核查信息系统资产责任人，尤其是边界设备及应用系统是否落实到位，不符合要求的，扣1分；			

续表

检查项目	依据	分值	检查内容	检查标准	发现问题	整改措施	检查周期
网络安全运维管理	集团公司《关于明确和加强集团公司所属单位网络安全监管力量的通知》	71	9）是否详细记录运维操作日志，包括日常巡检工作、运行维护记录、参数的设置和修改等内容； 10）是否严格控制远程运维的开通，经过审批后才可开通远程运维接口或通道；操作过程中应保留不可更改的审计日志，操作结束后立即关闭接口或通道；生产控制大区应严禁任何形式的远程运维； 11）所有与内、外网的连接是否均得到授权和批准；是否定期检查违反规定无线上网及其他违反网络安全策略的行为； 12）系统建设是否按“三同步”原则落实网络安全措施； 13）是否将网络安全业务纳入本单位运行监视范围； 14）是否对网络安全情况开展周期性（三个月）巡检； 15）是否采取措施或制度确保介质的准入管理、保护、销毁、存档等；	9）现场核查系统、设备使用情况，闲置系统/设备、僵尸系统/设备是否按要求及时关停，不符合要求的，扣1分； 10）核查是否采取必要的用来发现安全漏洞和隐患的措施，不符合要求的，扣1分； 11）核查相关安全措施执行后的报告或记录是否完善，不符合要求的，扣1分； 12）核查修复漏洞或消除隐患的操作记录是否完善，不符合要求的，扣1分； 13）核查运维操作日志，不符合要求的，扣1分； 14）日志内容是否包括了网络和系统的日常巡检、运行维护记录、参数的设置、修改等内容，不符合要求的，扣2分； 15）核查是否详细记录远程运维的方式，使用的端口或通道，不符合要求的，扣1分；			

续表

检查项目	依据	分值	检查内容	检查标准	发现问题	整改措施	检查周期
网络安全运维管理	集团公司《关于明确和加强集团公司所属单位网络安全监管力量的通知》	71	16）机房是否配备电子门禁系统，人员出入是否有审计记录； 18）机房是否配备机房视频监控和环境监测系统，是否满足防窃、防火、防破坏等物理安全防护要求； 19）第三方人员管控措施落实情况，访问机房等重要区域时是否采取审批、人员陪同、进出记录等安全管理措施； 20）是否定期进行等级测评，发现不符合相应等级保护标准要求时是否及时整改；新建系统或系统发生重大变更或级别发生变化时是否开展等级测评和安全防护评估；测评机构的选择是否符合国家有关规定； 21）等级测评和安全评估发现的问题是否已经完成整改或制订整改计划，风险是否可控	16）核查是否严格控制开通远程运维的审批程序及审批记录是否详细，不符合要求的，扣1分； 17）核查通过远程运维执行操作的审计日志是否详细，不符合要求的，扣1分； 18）生产控制大区是否存在远程运维，不符合要求的，扣1分； 19）核查开通内、外网连接的审批程序是否严格控制，不符合要求的，扣2分； 20）核查开展违反规定无线上网及其他违反网络安全策略行为的检查记录是否符合要求，不符合要求的，扣1分； 21）检查系统建设文件是否符合要求，不符合要求的，扣1分； 22）是否配置网络监测平台，不符合要求的，扣1分； 23）查阅检查制度及巡检记录等有关材料是否符合要求，不符合要求的，扣1分；			

续表

检查项目	依据	分值	检查内容	检查标准	发现问题	整改措施	检查周期
网络安全运维管理	集团公司《关于明确和加强集团公司所属单位网络安全监管力量的通知》	71		24）检查U盘/移动硬盘等介质是否有准入管理措施或制度，不符合要求的，扣1分； 25）检查U盘/移动硬盘等介质管理是否有策略及技术要求，不符合要求的，扣1分； 26）检查U盘/移动硬盘等介质相关使用记录文件是否符合要求，不符合要求的，扣1分； 27）核查出入口是否配置电子门禁系统，不符合要求的，扣1分； 28）核查电子门禁系统是否开启并正常运行，不符合要求的，扣0.5分； 29）进入计算机机房、升压站继保间、通信机房等重要区域，是否严格执行门禁管理和出入登记管理，不符合要求的，扣0.5分； 30）核查机房视频监控和环境监测系统是否开启并正常运行，不符合要求的，扣0.5分；			

续表

检查项目	依据	分值	检查内容	检查标准	发现问题	整改措施	检查周期
网络安全运维管理	集团公司《关于明确和加强集团公司所属单位网络安全监管力量的通知》	71		31）检查机房或电子间是否满足防窃、防火、防破坏等物理安全防护要求，不符合要求的，扣 0.5 分； 32）现场检查第三方人员进出机房记录文件是否符合要求，不符合要求的，扣 1 分； 33）访谈有关负责人是否每年定期开展等级测评，核查等级测评报告和整改记录，不符合要求的，扣 2 分； 34）检查新建系统或系统发生重大变更或级别发生变化时等级保护测评和安全防护评估文件是否符合要求，不符合要求的，扣 1 分； 35）访谈测评负责人是否选择了具有测评资质的测评机构，到网络安全等级保护网（www.djbh.net）上核查该机构是否符合要求，不符合要求的，扣 1 分；查看等级保护测评报告及安全防护评估报告发现的问题，是否闭环整改或制定整改计划，不符合要求的，扣 1 分			

续表

检查项目	依据	分值	检查内容	检查标准	发现问题	整改措施	检查周期
电力监控系统防护（电厂适用）		33	1）查看网络分区情况是否合理； 2）是否存在网络非法外连和无线接入； 3）电力监控系统是否存在远程维护； 4）生产控制大区是否存在业务交叉互联； 5）网络设备多余的端口和服务是否关闭，日志功能是否开启； 6）公用通信网络（除电力调度数据网以外的网络）是否设置安全接入区； 7）生产控制大区的横向边界是否采用经国家指定部门检测认证的电力专用单向安全隔离装置，并根据业务情况配置隔离，设置策略为最小原则； 8）安全区Ⅰ和安全区Ⅱ之间是否采用国产防火墙或具有访问控制功能的设备进行隔离，并严格限制防火墙策略； 9）纵向边界是否部署电力专用纵向加密认证装置或加密认证网关及相应措施	1）现场查看网络拓扑图资料，查看网络分区是否合理，不符合要求的，扣2分； 2）现场梳理网络接线，查看是否与网络拓扑的接线情况相符，不符合要求的，扣2分； 3）现场检查电力监控系统是否存在网络非法外连情况，不符合要求的，扣3分； 4）现场检查生产控制大区是否存在无线通信功能的设备接入，不符合要求的，扣2分； 5）现场检查生产控制大区是否存在远程维护通道，不符合要求的，扣2分； 6）现场检查电力监控系统终端和服务器是否安装远程维护软件，不符合要求的，扣1分； 7）现场检查安全区Ⅰ和安全区Ⅱ部署的业务情况是否按照国家能源局36号文《电力监控系统安全防护总体方案》的要求进行区域部署，不符合要求的，扣1分；			

续表

检查项目	依据	分值	检查内容	检查标准	发现问题	整改措施	检查周期
电力监控系统防护（电厂适用）		33		8）现场查看网络设备的安全配置是否符合要求，包括关闭或限定网络服务、避免使用默认路由、关闭网络边界最早路由协议（OSPF）路由功能、采用安全增强的 SNMP V2 及以上版本的网管协议、设置受信任的网络地址范围、记录设备日志，不符合要求的，扣 3 分； 9）检查网络设备封闭空闲的网络端口等是否符合要求，不符合要求的，扣 2 分； 10）现场检查生产控制大区除电力调度数据网以外，是否还存在其他网络接入，不符合要求的，扣 2 分； 11）除电力调度数据网以外，其他网络接入的防护措施是否完备，不符合要求的，扣 1 分； 12）查看生产控制大区与信息管理大区等外连线路是否部署单向隔离装置，且装置须为经国家指定部门检测认证的电力专用单向安全隔离装置，不符合要求的，扣 3 分；			

续表

检查项目	依据	分值	检查内容	检查标准	发现问题	整改措施	检查周期
电力监控系统防护（电厂适用）		33		13）隔离装置是否根据业务情况，设置策略为最小原则，不符合要求的，扣 2 分； 14）检查访问控制策略是否存在源地址、目的地址或端口为空或 any 的情况，不符合要求的，扣 1 分； 15）访谈安全策略开放端口和协议的目的，不符合要求的，扣 0.5 分； 16）检查访问控制策略地址、端口配置范围是否过宽，是否对地址段、端口端进行了定义；如单条策略配置的源地址、目的地址或端口端未进行定义且范围大于 1 个，应访谈并检查是否有相关的设计、说明文档明确策略开通的目的，不符合要求的，扣 1.5 分； 17）查看防火墙配置，明确访问控制规则是否应用到端口或者安全域中，不符合要求的，扣 1 分；			

续表

检查项目	依据	分值	检查内容	检查标准	发现问题	整改措施	检查周期
电力监控系统防护（电厂适用）		33		18）查看电力监控系统的网络拓扑结构，是否在生产控制大区与广域网边界设置国家指定部门检测认证的电力专用纵向加密认证装置，不符合要求的，扣2分； 19）检查纵向加密装置，检查隧道是否处于密通，不符合要求的，扣2分			
网络安全技术防护		110	1）是否避免将重要网络区域部署在边界处，重要网络区域与其他网络区域之间应采取可靠的技术隔离手段，内外网IP是否混用； 2）是否采用密码技术保证通信过程中数据的保密性； 3）是否存在安全Ⅰ、Ⅱ区与Ⅲ区设备未经过单向安全隔离装置非法互联； 4）是否存在安全Ⅰ、Ⅱ区与互联网未经过单向安全隔离装置非法互联； 5）是否分区分域进行管理，各区域边界是否部署安全防护设备；	1）核查网络拓扑图是否与实际网络运行环境一致，是否分区分域，不符合要求的，扣1分； 2）核查重要网络区域（如数据库服务器所处区域、非互联网应用所处区等）是否部署在网络边界处，不符合要求的，扣1分； 3）核查重要网络区域（如数据库服务器所处区域、非互联网应用所处区等）与其他网络区域之间是否采取如网闸、防火墙和设备访问控制列表（ACL）等可靠的技术隔离手段，不符合要求的，扣1分；			

续表

检查项目	依据	分值	检查内容	检查标准	发现问题	整改措施	检查周期
网络安全技术防护		110	6）安全区Ⅰ和安全区Ⅱ之间是否采用国产防火墙或具有访问控制功能的设备进行隔离，并严格限制防火墙策略； 7）安全区 II 和安全区 III 之间是否采用电力专用单向隔离装置，且设置策略为最小化原则； 8）安全区 III 和安全区Ⅳ之间是否采用隔离装置或隔离网闸，且设置策略为最小化原则； 9）能否对非授权设备私自连到内部网络的行为进行检查或限制； 10）能否对内部用户非授权连到外部网络的行为进行检查或限制； 11）是否限制无线网络的使用，保证无线网络通过受控的边界设备接入内部网络； 12）是否使用外网 VPN； 13）是否在关键网络节点处部署入侵检测或入侵防护设备，以检测、防止或限制从外部/内部发起的网络攻击行为；	4）检查设备 IP 地址是否存在外网地址用于内网的情况，不符合要求的，扣 1 分； 5）询问主要网络设备、主机操作系统、数据库、应用系统的管理数据、鉴别信息和重要业务数据是否采用加密或其他有效措施实现传输保密性，不符合要求的，扣 1 分； 6）检查主要主机操作系统、主要网络设备操作系统、主要数据库管理系统和主要应用系统，查看其管理数据、鉴别信息和重要业务数据是否采用加密或其他有效措施实现传输保密性，不符合要求的，扣 1 分； 7）核查业务系统拓扑图，现场检查业务系统接线、设备部署是否存在非法互联，不符合要求的，扣 1 分； 8）核查业务系统互联图册，现场检查业务系统接线、设备部署是否存在非法互联，不符合要求的，扣 1 分；			

续表

检查项目	依据	分值	检查内容	检查标准	发现问题	整改措施	检查周期
网络安全技术防护		110	14）是否在关键网络节点处部署防恶意代码设备，并定期更新恶意代码库； 15）网络边界是否部署安全审计设备，对网络访问情况进行定期分析审计并记录审计情况，审计日志保存是否满足至少6个月的要求； 16）是否设置口令复杂度策略及更新频率以保证口令强度； 17）是否关闭E-Mail、FTP、Telnet、RDP等不必要的通用网络服务，操作系统是否关闭139、135、445、3389等高风险端口； 18）生产控制大区内的主机、网络设备是否关闭或拆除多余的USB、光驱、串口等接口； 19）主机、网络设备的用户权限是否根据业务情况进行划分； 20）是否及时对主机网络设备操作系统、数据库管理系统进行补丁更新； 21）是否部署防病毒网关或统一安装防病毒软件，并定期更新恶意代码库；	9）检查拓扑图是否标明区域边界，是否部署安全防护设备，不符合要求的，扣2分； 10）现场检查各区域边界部署安防设备情况是否与拓扑图一致，不符合要求的，扣3分； 11）检查是否配置防火墙或具有访问控制功能的设备，不符合要求的，扣1分； 12）检查访问控制策略是否存在源地址、目的地址或端口为空或any的情况，不符合要求的，扣1分； 13）检查访问控制策略地址、端口配置范围是否过宽，是否对地址段、端口端进行了定义。如单条策略配置的源地址、目的地址或端口端未进行定义且范围大于1个，应访谈并检查是否有相关的设计、说明文档明确策略开通的目的，不符合要求的，扣1分； 14）查看防火墙配置，明确访问控制规则是否应用到端口或者安全域中，不符合要求的，扣1分；			

续表

检查项目	依据	分值	检查内容	检查标准	发现问题	整改措施	检查周期
网络安全技术防护		110	22）是否启用安全审计功能并定期分析； 23）是否定期对网络设备和网络安全设备的配置文件进行备份； 24）是否采取技术措施对接入本单位的终端计算机进行管理； 25）是否定期对业务系统、办公系统、网站系统、邮件系统等应用系统进行安全漏洞扫描； 26）是否启用登录失败功能，如采取结束会话、限制非法登录次数和当网络登录连接超时自动退出等措施； 28）是否采取技术措施（如加密、分区存储）对存储的重要数据进行保护； 29）是否采取技术措施对传输的重要数据进行加密和校验； 30）是否及时删除多余、过期的账户，是否存在共享账户，是否限制默认账户的访问权限； 31）是否对重要业务信息、系统数据及软件系统等进行备份	15）检查是否部署电力专用单向隔离装置，不符合要求的，扣 2 分； 16）检查单向隔离装置策略是否启用，包括映射方向、服务器地址、服务器端口、映射后地址、映射后端口、映射协议、业务系统名称及描述等；是否按最小化原则设置，不符合要求的，扣 2 分； 17）检查是否部署隔离装置或隔离网闸，不符合要求的，扣 2 分； 18）检查隔离装置或隔离网闸策略是否启用，包括映射方向、服务器地址、服务器端口、映射后地址、映射后端口、映射协议、业务系统名称及描述等；是否按最小化原则设置，不符合要求的，扣 2 分； 19）检查隔离装置或隔离网闸通信策略是否为单向，开通双向装置时是否进行过渗透测试并采取加固措施，不符合要求的，扣 1 分；			

续表

检查项目	依据	分值	检查内容	检查标准	发现问题	整改措施	检查周期
网络安全技术防护		110		20）访谈有关负责人，询问采用何种技术手段或管理措施对非授权设备私自连到内部网络的行为进行管控，且是否在网络管理员的配合下验证其有效性，不符合要求的，扣 1 分； 21）核查闲置端口是否均已关闭，不符合要求的，扣 1 分； 22）核查是否采用内网安全管理系统或其他技术手段，对内部用户非授权连接到外部网络的行为进行限制或检查，不符合要求的，扣 1 分； 23）核查是否限制终端设备相关端口的使用，如禁用双网卡、USB 接口、无线网络等，防止内部用户非授权外连行为，不符合要求的，扣 2 分； 24）访谈网络管理员是否有授权的无线网络，是否单独组网后接入到有线网络，不符合要求的，扣 1 分；			

续表

检查项目	依据	分值	检查内容	检查标准	发现问题	整改措施	检查周期
网络安全技术防护		110		25）核查无线网络部署方式，是否部署无线接入网关，无线网络控制器等设备；检查该类型设备配置是否合理，如无线网络设备信道使用是否合理，用户口令是否具备足够强度、是否使用WPA2 加密方式等，不符合要求的，扣 1 分； 26）核查网络中是否部署了对非授权无线设备的管控措施，能够对非授权无线设备（如员工私搭 Wi-Fi）进行检查、屏蔽，不符合要求的，扣 1 分； 27）严禁接入内网的打印机、扫描仪等办公设备开启无线网络功能，不符合要求的，扣 1 分； 28）访谈网络管理员是否使用外网 VPN，如存在外网 VPN 则对其进行可靠性评估，不符合要求的，扣 1 分； 29)是否将无有效管控手段或存在高危漏洞的 VPN 立即下线，不符合要求的，扣 2 分； 30）对照网络拓扑图并实际检查是否在关键网络节点（如网络边界处）部署入侵检测或入侵防护设备，不符合要求的，扣 1 分；			

续表

检查项目	依据	分值	检查内容	检查标准	发现问题	整改措施	检查周期
网络安全技术防护		110		31）登录相关设备查看安全防护策略是否开启，是否能够覆盖到所有关键网络节点（如各个网络边界），不符合要求的，扣1分； 32）验证相关系统或组件的配置信息或安全策略是否有效，不符合要求的，扣1分； 33）核查相关系统或组件的规则库版本或威胁情报库是否已经更新到最新版本，不符合要求的，扣1分； 34）对照网络拓扑图，并实际检查在关键网络节点处是否部署防恶意代码产品等技术措施，不符合要求的，扣2分； 35）核查防恶意代码产品；查看恶意代码库是否已更新到最新版本；并访谈管理员，询问恶意代码库更新机制，不符合要求的，扣1分； 36）查看主要防恶意代码功能是否启用，并查看相关日志是否正常记录，不符合要求的，扣1分； 37）对照网络拓扑图，并实际检查在网络边界是否部署安全审计设备，不符合要求的，扣2分；			

续表

检查项目	依据	分值	检查内容	检查标准	发现问题	整改措施	检查周期
网络安全技术防护		110		38）核查安全审计设备，查看审计日志采集是否正常，日志保存是否满足6个月的要求，不符合要求的，扣2分； 39）身份鉴别信息是否不易被冒用，口令复杂度是否满足要求并定期更换，不符合要求的，扣1分； 40）应修改默认用户和口令，检查是否使用缺省口令，不符合要求的，扣1分； 41）口令长度不得小于12位，且为字母、数字或特殊字符的混合组合，检查用户名和口令是否相同，不符合要求的，扣1分； 42）检查是否存在禁止的明文存储口令，不符合要求的，扣1分； 43）访谈有关负责人，并检查操作系统是否关闭E-Mail、FTP、Telnet、RDP等不必要的通用网络服务，不符合要求的，扣1分； 44）现场检查操作系统是否关闭高风险端口，不符合要求的，扣1分； 45）现场检查设备空闲端口是否关闭，不符合要求的，扣0.5分； 46）现场检查主机USB、光驱等接口封闭情况是否符合要求，不符合要求的，扣0.5分；			

续表

检查项目	依据	分值	检查内容	检查标准	发现问题	整改措施	检查周期
网络安全技术防护		110		47）现场检查操作系统、网络设备的用户权限划分情况是否符合要求，不符合要求的，扣1分； 48）是否根据不同岗位不同操作人员分配不同权限，权限划分是否遵循最小原则，不符合要求的，扣0.5分； 49）核查是否禁用或限制匿名及默认账户的访问权限，不符合要求的，扣0.5分； 50）核查主机网络设备操作系统、数据库管理系统是否及时更新补丁，不符合要求的，扣1分； 51）核查补丁更新方式和最近一次补丁库更新时间是否符合要求，不符合要求的，扣1分； 52）查看系统中是否安装了防病毒软件；询问管理员病毒库更新策略；查看最近一次病毒库的更新时间，不符合要求的，扣2分； 53）核查是否有统一的病毒更新策略和查杀策略，不符合要求的，扣1分； 54）核查统一防病毒系统覆盖的业务系统和服务器是否符合要求，不符合要求的，扣1分；			

续表

检查项目	依据	分值	检查内容	检查标准	发现问题	整改措施	检查周期
网络安全技术防护		110		55）现场查看操作系统、网络设备的日志是否开启，不符合要求的，扣2分； 56）查看日志留存是否不少于6个月，不符合要求的，扣1分； 57）检查备份记录文件是否符合要求，不符合要求的，扣1分； 58）检查管理文件是否符合要求，并现场抽查，不符合要求的，扣1分； 59）现场检查漏洞扫描记录文件是否符合要求，不符合要求的，扣1分； 60）现场检查并测试，不符合要求的，扣1分； 61）访谈有关负责人有哪些需定期备份的业务信息、系统数据及软件系统，并检查是否符合要求，不符合要求的，扣1分； 62）核查是否具有定期备份的重要业务信息、系统数据、软件系统的列表或清单，以及备份方式、备份频度、存储介质、保存期等，不符合要求的，扣1分			